# LUXUS-YACHTEN
## aus aller Welt

*Jill Bobrow & Dana Jinkins*

JILL BOBROW
&
DANA JINKINS

LUXUS-YACHTEN
aus aller Welt

Die Originalausgabe ist erschienen unter dem Titel
»THE WORLD'S MOST EXTRAORDINARY YACHTS«

Die Übersetzung ins Deutsche besorgte Ursula Isenberg

ISBN 3-613-50081-7

2. Auflage 1992


Satz: Vaihinger Satz+Druck, 7143 Vaihingen/Enz
Printed in Japan

# Wir danken:

Author/Publisher . . . . . . . . . . . . . . . . . . . . . . . Jill Bobrow
Photographer/Creative Director. . . . . . . . . . . .Dana Jinkins
Associate Editor . . . . . . . . . . . . . . . . . . . .William Stedman
Art Director/Associate Designer . . . . . . . . . .Elizabeth Prinz
Accommodation Plan Illustrators. . . . . . . . .Marcia Johnson
James Eastland, Martha Donovan
Design Consultant . . . . . . . . . . . . . . . . . . .Randell Pearson
Copy Editor. . . . . . . . . . . . . . . . . . . . . . . Jeremy Townsend
Communications . . . . . . . . . . . . . . . . . Kenneth Mitchnick
Designer Notes . . . . . . . . . . . . . . . . . . . . . . . . .Joe Artese,
Jon Bannenberg, Gertrude Denison, Terence Disdale,
Susan Puleo, Roy Sklarin, Pierre Tanter, Giorgio Vafiadis
Final pages painting of Portofino . . . . . . . . . .Karla Joy Bove

Printing. . .Dai Nippon Printing Company Ltd., Tokyo, Japan.
Typography. . .Blue Pen Typografix, New York.

Concepts Publishing Inc.
P.O. Box 1066
Waitsfield, Vt. 05673
(802) 496-5580 FAX (802) 496-5581

Distributed in the U.S. & Canada by: W. W. Norton & Company, Inc. 500 Fifth Avenue, New York, N.Y. 10110

Distributed in Great Britain by Collectors' Books Bradley Lodge, Kemble, Cirencester, Glos. GL76AD England

Wir möchten uns bei allen Yachteignern, Kapitänen und Crewmitgliedern bedanken, die uns an Bord ihrer Yachten willkommen hießen und uns ihre Erlaubnis gaben, fotografieren zu dürfen. Ebenso gilt unser Dank all jenen, die uns in vielfältiger Weise unterstützt haben: B. Martin Pedersen, Arna Pedersen, James Mairs, George Nicholson, Kimio Honda, Christian und Mary Rose Brann, Melanie Jones, Sandra Frazier, Randi Jinkins, Bonnie O'Boyle, Jenny Tudor Miles, George Sustendal, Alessandro Vitelli, Mark Hilpern, Mike Ringdahl, John Warren, Don Kenniston, John Schneberger, Erik Pascoli, Jim Castle; Alexis Witzig-Vejarana, Gerhard und Simonetta Kilian, Bruno Cantilupi, Fabio Perini, Maurizio Pocai, Richard Taylor, Carlo Traglio, John Barden, Fred Dovaston, Claire Oppenheim und Lamia Khashoggi. Die Mehrzahl der Fotos wurde von Dana Jinkins aufgenommen. Bei den Fotos, die nicht von ihr stammen, haben wir die Urheber separat angegeben. Ganz besonders wollen wir uns bei den Fotografen bedanken, die wir nachfolgend vorstellen wollen.

**Dana Jinkins** ist Fotografin und Grafikerin für Concepts Publishing. Sie erarbeitete das Layout für dieses Buch, die meisten Fotos wurden von ihr aufgenommen. Neben ihrer Arbeit an Buchprojekten entwirft sie Broschüren für Boote und arbeitet als freie Fotografin. Dana verfügt über ein umfangreiches Archiv mit Yacht- und Reisefotografien.

**Mike Meade,** ein Kanadier, lebt und arbeitet als Fotograf schon 15 Jahre lang an der Französischen Riviera. Wegen seiner Vielseitigkeit als Yachtfotograf genießt er einen sehr guten Ruf. Sein kleines Boot ›Flash‹ ist entlang der ganzen französischen Küste bekannt. Sein neuestes Arbeitsgerät, ein Weedhopper Miniflugzeug (mit Schwimmern), ermöglicht ihm für Luftaufnahmen während der Sommermonate interessante Perspektiven.

**Tony Morgan,** 1909 in Frankreich geboren, ist Journalist und Fotograf, der für seine Arbeit ausgedehnte Reisen unternommen hat. Jetzt lebt er in Monaco. Er verfügt über ein großes Archiv von Marineaufnahmen, dazu gehören Fotos von über 400 Yachten. Da er seine Arbeit liebt, denkt er noch nicht daran, sich zur Ruhe zu setzen.

**Philip Harrill,** ein Amerikaner, arbeitet zusammen mit seiner Frau auf zwei Gebieten, die sich beide auf Yachten beziehen: Innendesign und Broschüren. Er fotografiert Yachten aller Art, seine Firma, ›The Brochure People‹, hat ihren Sitz in Fort Lauderdale, Florida.

## *Inhalt*

*Abkürzungen*

**LüA:** Länge über Alles
**LüD:** Länge über Deck
**LWL:** Länge der Wasserlinie
**Tiefgang:** Maximale Tiefe von der Wasserlinie bis zum Kiel
**Breite:** Maximalbreite

# Vorwort

Der Blick auf Villefranche von der Küstenstraße zwischen Monaco und Nizza ist atemberaubend.

Der Hafen von St. Tropez ist ein beliebter Treffpunkt für Yachten während der Sommer-Saison.

Le Grazie in der Provinz von La Spezia ist ein idyllisches italienisches Hafenstädtchen. Mehrere wunderschöne Yachten haben sich hier, abseits vom Trubel der großen Marinas, zusammengefunden. Der klassische Schoner Orion hat hier seinen Liegeplatz.

In den letzten Jahren wurden Megayachten immer populärer. Unsere Recherchen für dieses Buch führten Dana und mich zu den besten Werften in ganz Europa und den USA. Wir reisten nach Japan, wo Supertanker zu Privatyachten umgebaut werden, deren Kosten sich von vier bis zu 20 Millionen Dollar belaufen. Daß die Werften Wartelisten von zwei bis drei Jahren führen, ist fast normal, da es immer mehr Kunden für Yachten über 100 Fuß Länge gibt.

Wie läßt sich das zunehmende Interesse an Megayachten erklären? Der international bekannte Yacht Broker George Nicholson begründet es in erster Linie mit den Satelliten-Kommunikationssystemen, die es ermöglichen, ältere Schiffe in praxisgerechte, modern ausgestattete Yachten umzubauen. Die meisten Eigner der Megayachten sind Geschäftsleute, die es sich nicht leisten können, für längere Zeit unerreichbar zu sein. Die fortlaufende Verbindung zur Außenwelt via Satellit, und natürlich auch der Einsatz von Telex-Geräten, ermöglichen dem erfolgreichen Unternehmer eine attraktive Lebensform an Bord seiner Yacht.

Jede neue Megayacht bietet einen umfassenden Lebensbereich. Der Wunsch nach einer eigenen, nahezu unabhängigen Welt hat verschiedenste Gründe. Unter anderem wird behauptet, daß der Trend zu Megayachten von der vermeintlichen Furcht vor einem atomaren Holocaust geschürt würde. Andere hätten Angst vor einer kommunistischen Herrschaft in Westeuropa. Deshalb bauen sich die Kapitalisten Yachten mit einem unglaublich großen Aktionsradius. Damit könnten weit entfernte, sichere Inseln angelaufen werden.

Dana und ich waren schon immer fasziniert von Schiffen, die alles, was der Mensch braucht, um die ganze Welt mitnehmen können. 1982 veröffentlichten wir unser erstes Buch, ›Classic Yacht Interiors‹. Zu dieser Zeit hegten wir eine Vorliebe für Segelschiffe, insbesondere ältere Schiffe aus Holz, die liebevoll restauriert waren. Wir konzentrierten uns auf Yachten an der Westküste und in der Karibik. Das Buch ist nun in der dritten Auflage erschienen, und natürlich freuen wir uns, daß es rund um den Globus Interesse gefunden hat.

Zuerst widersetzten wir uns der Vorstellung, ein weiteres Buch dieser Art herauszubringen. Aber Jim Mairs, Vizepräsident der W. W. Norton & Company, der unsere Bücher vertreibt, drängte uns, ein Buch über klassische Motoryachten zu veröffentlichen. Zudem wollte Jeff Hammond, Herausgeber der Zeitschrift Power and Motor Yacht, daß wir für eine Ausgabe seiner Zeitschrift über die Topyachten der Welt berichten sollten. Wir entschlossen uns, nicht nur klassische und alte Schiffe zu zeigen. Um den Freunden und Fans unseres ersten Buches eine Freude zu machen, wollten wir nicht nur Motoryachten sondern auch noch einige besonders schöne Segelschiffe beifügen.

Die große Anzahl prachtvoller Schiffe in der ganzen Welt machte uns die Auswahl nicht leicht. Obwohl wir uns vorgenommen hatten, nur die einmaligsten und außergewöhnlichsten Yachten zu zeigen, mußten wir viele Schiffe ausschließen. Wir wurden oft gefragt, wie wir es fertiggebracht haben, diese Yachten ausfindig zu machen, und wie wir zu einer Erlaubnis kamen, im Inneren der Yachten fotografieren zu dürfen. Das Wichtigste war fragen und nochmals fragen. »Haben Sie die gigantische Yacht ›Carinta‹ in ihrem Dock in Cannes gesehen?« Oder: »Waren Sie schon einmal an Bord der ›Atlantis II‹ von Niarchos?« Oder: »Wissen Sie etwas über den Dreimastschoner, der gerade in Mallorca gebaut wurde?« Durch diese Hinweise (und den Klatsch) anderer Yachtenthusiasten entdeckten wir mehr und mehr unglaubliche Schiffe. Doch ihre Entdeckung war erst ein Schachzug in unserem Gefecht. Wir hatten immer noch die Schwierigkeit vor uns, eine Genehmigung des Kapitäns für Aufnahmen, die wir veröffentlichen wollten, zu erhalten. Die Eigner der Megayachten sind sehr auf ihre Intimsphäre bedacht, und die Kapitäne achten darauf, daß dieser Wunsch respektiert wird. Doch wir waren fest entschlossen, und wenn ein Schiff unsere Aufmerksamkeit erweckt hatte, gaben wir nicht mehr auf.

Mit der Arbeit für dieses Buch begannen wir 1983. Da war es uns vergönnt, die inneren Räumlichkeiten der ›Australia II‹, soweit es möglich war, zu fotografieren. ›Australia II‹ hatte den America's Cup gewonnen. Zur selben Zeit gelang es uns, in Newport die MY ›Kalizma‹ abzulichten, die Elizabeth Taylor und Richard Burton gehört hatte. Wir arbeiteten mit vollem Einsatz und mit Begeisterung. Dann hatten wir erfahren, daß die neu vom Stapel gelaufene Megasloop ›Whitefin‹ gegen die ebenso imposante ›Whitehawk‹ im Opera House Cup in Nantucket antreten würde. Uns war klar, daß wir dabei sein mußten.

Es wurde uns aber auch klar, daß unser nächstes Reiseziel das Mittelmeer sein würde. Nur per Telefon war nicht ausfindig zu machen, wo sich eine bestimmte Yacht momentan aufhält, denn die Eigner planen launisch. Wir spazierten an den Kais in Monte Carlo entlang, vorbei an den Rolls Royce und den Leibwächtern. Wir klopften buchstäblich an die Schiffsrümpfe, immer mit unserem letzten Buch ›Classic Yacht Interiors‹ unter dem Arm, sozusagen als Visitenkarte. Auf der ›Atlantis II‹ kamen wir über das dritte Achterdeck nicht hinaus. Bei einem halben Dutzend anderer protziger Cantière de Pisa Motoryachten mit arabischen Lettern am Rumpf wurden wir abgewiesen – aus Sicherheitsgründen, »Sie verstehen«. Aber wenn es uns gelang, unser Buch an Bord zu bringen, wenn der Schiffseigner geneigt war, sich einen Eindruck zu verschaffen, hatten wir schon sehr viel mehr Glück. Besonders, wenn wir erklärten, daß unser Buch über Schiffe und nicht über die Schiffsbewohner berichten sollte.

Die umfangreiche Liste der Yachten, die uns interessierten, hatten wir nach Wichtigkeit eingeteilt. Am meisten war uns daran gelegen, die Yacht ›Nabila‹ vor unsere Linse zu bekommen. Es gelang mir, mit der Frau des Eigners, Mrs. Khashoggi, via Satelliten-Telefon zu reden, als sie an Bord ihrer Yacht war. Sie lud uns für die kommenden zwei Tage nach Neapel ein, um die Yacht zu fotografieren. Wir flogen nach Rom und setzten uns mit Khashoggis Sekretär in Cannes in Verbindung. Ausgerechnet jetzt wurden an der Yacht einige Reparaturen ausgeführt. Da viele der wertvollen Einrichtungsgegenstände weggeschlossen waren, war die Zeit ungünstig, um Fotos zu machen. »Sind wir jetzt umsonst hierher gereist?« fragten wir uns und waren sauer. Dana und ich hatten keinen genauen Plan, was wir als nächstes vorhatten. Es hing alles davon ab, wo sich unsere Objekte gerade aufhielten. Ich begann, das Büro in Cannes mit meinen Anrufen zu bombardieren. Dabei kam ich mir vor wie der Typ in einem Woody Allen Film, der dauernd telefoniert, nur um eine neue Telefonnummer zu hinterlassen, unter der er gerade erreichbar ist. »Hallo, hier spricht Jill Bobrow. Heute sind wir in Viareggio, morgen in La Spezia. Bis jetzt haben wir noch keine Rufnummer in unserem Hotel in Portofino. Wir rufen nochmal an, wenn wir dort sind.« Um keine Zeit beim Warten auf die ›Nabila‹ zu verschwenden, besuchten wir die Veteran Boat Rallye in Porto Cervo. Als wir nach dem Rennen die Kais entlanggin-

Nizza ist wegen seines Flugplatzes der Drehpunkt an der Cote d'Azur. Von hier aus starten die Urlauber nach Ost und West zu ihren Privatvillen, Wohnungen und Yachten.

Porto Cervo, Sardinien, wurde von Aga Khan erschlossen. Der Hafen bietet Yachten jeder Größe Plätze.

Porto Fino, Italien, zählt zu den schönsten Häfen der Welt.

Cannes in Südfrankreich ist berühmt für seine Filmfestspiele, den Jet Set und Megayachten.

gen, entdeckten wir viele bekannte Schiffe. Die ›Escapade‹ hatte gerade ein Rennen gewonnen, und der Eigner lud uns zu einem kleinen Fest an Bord. Als ich in der komfortablen Kajüte saß, fühlte ich mich so heimisch, als sei ich in Newport oder in St. Barts. Das ist das Schöne am Leben an Bord.

Die ›Rio Rita‹ wurde uns von Mark und Mike, Yachthändlern in Antibes, empfohlen. Wir bemühten uns, John Warren zu treffen, um Zutritt zur ›Rio Rita‹ zu erhalten. Solange wir noch auf die Erlaubnis warteten, erfuhren wir, daß eine weitere Yacht auf unserer Liste, die ›Vagabundo‹, in unserer Nähe war. Wir jagten hinter ›Vagabundo‹ her, von Hafen zu Hafen, bis wir sie endlich in St. Tropez schnappten. Kurz vor Sonnenuntergang kamen wir an und hofften, sie am nächsten Morgen fotografieren zu können. Als wir einen Termin vereinbaren wollten, wurde uns mitgeteilt, daß die Yacht bei Anbruch der Dämmerung wieder auslaufen wollte. So setzten wir alles daran, sie noch am Abend abzulichten. In anderen Ecken der Welt verfolgten wir die Motoryacht ›Jezebel‹, der wir früher in Brooklyn begegnet waren. Sie gehört Robert Stigwood. Nach einer Masse von Telefonaten erfuhren wir, daß das Schiff am nächsten Tag in Cherbourg sein würde. Doch am Morgen unserer Verabredung waren wir immer noch in Monte Carlo und diskutierten mit dem Kapitän der ›P'tit Louis‹ und der ›Bugs‹. Er versicherte uns, daß der Eigner seine Meinung über eine Veröffentlichung in unserem Buch ändern wolle, wenn wir beide Yachten fotografieren und ihm Abzüge der Fotos zusenden würden. Zudem wollte uns Tony Morgan, ein Yachtfotograf, am selben Morgen seine Aufnahmen zeigen. Irgendwie schafften wir doch noch alles, rasten gerade rechtzeitig zum Flughafen in Nizza, und mit Hilfe von Mietwagen, Flugzeugen, Taxis und Zügen kamen wir nach Mitternacht in Cherbourg an. Wir hofften, daß der Kapitän oder sonst irgend jemand von der ›Jezebel‹ uns empfangen würde. Aber weit und breit war keine Menschenseele zu sehen, nicht mal ein Taxi war in der Gegend. Ich sprach einen freundlich aussehenden Mann und seine Frau an, die mit dem Zug aus Paris angekommen waren und ebenfalls auf ein Taxi warteten. Trotz meiner dürftigen Französischkenntnisse verstand ich, daß dieser Gentleman Agent der ›Jezebel‹ war. Was für ein glücklicher Zufall! Sämtliche Hotels in Cherbourg waren voll belegt. Mit wenig Hoffnung auf ein freies Zimmer warteten wir in der Lobby eines Hotels bis 1.15 Uhr. Endlich, einen oder zwei Cognacs später, war der Empfangschef sicher, daß eine Reservation hinfällig wurde. Wir bekamen sein letztes Zimmer. Am frühen Morgen telefonierten wir voller Zuversicht mit ›Jezebel‹. Man sagte uns, daß das Schiff zu einer Probefahrt auslaufen müsse, um die neuen Motoren zu testen. Die Crew entschuldigte sich freundlich, und gestattete uns, einen kurzen Blick in die Yacht zu werfen. Dana brachte für alle Fälle ihre Kamera mit. Aber sie wurde gebeten, ihre Ausrüstung im Auto zu lassen, da wir vor der Abfahrt sowieso nur ganz wenig Zeit hätten. Ein Mitglied der Crew lieh sich unseren Wagen aus, mitsamt unserer Fotoausrüstung. Stunden später waren wir immer noch an Bord, ohne Kamera. Wir hätten ausreichend Zeit für unsere Aufnahmen gehabt. Ein Fototermin am nächsten Tag war nicht möglich, da der Eigner mit Gästen erwartet wurde.

Am letzten Tag vor unserer Rückreise nach Amerika versuchten wir es in Gottes Namen nochmals mit der ›Nabila‹. Wir waren überzeugt, daß man uns wieder nach Nizza zurückbeordern würde. Wo könnte das Schiff nur sein? Nun, in Monaco, Antibes oder Cannes. Wir telefonierten nochmals vom uns nun schon heimisch gewordenen Flugplatz in Nizza. Das Schiff war in Monaco, und wir bekamen eine Verabredung für 17 Uhr. Wir fuhren die liebliche Küste entlang über Villefranche und erreichten den Hafen zehn Minuten für fünf Uhr. Wir kämmten uns die Haare, korrigierten das Make up und schafften es bis fünf Minuten vor fünf Uhr an die Gangway. Die Decksmannschaft war gerade dabei, die Leinen loszuwerfen – das Schiff war auf dem Weg nach Antibes. Zurück im Auto, zurück auf der Straße, kamen wir uns wie Idioten vor. Doch wir genossen den Blick auf Villefranche und die Küstenstrecke, schließlich waren wir schon lange nicht mehr in Antibes gewesen...

Alles in allem war es ein Abenteuer, und wir fanden die Crews, Konstrukteure, Baumeister, Stilisten, Makler und Eigner alle interessant und begeistert. Die Beiträge mancher Konstrukteure zeigen Individualität im modernen Yachtbau, sowie Möglichkeiten und Ideen, die noch verwirklicht werden können. Die Yachten in diesem Buch stellen eine breite Palette jeden Geschmacks dar, aber sie haben alle etwas gemeinsam – sie sind alle außergewöhnlich.

Jill Bobrow
Jill Bobrow
President
Concepts Publishing

# Einleitung

Am St. Georgs Tag, meinem Geburtstag, lernte ich Jill Bobrow und Dana Jinkins zum ersten Mal kennen – allerdings nur indirekt. Gleich sechs Ausgaben ihres letzten Buches ›Classic Yacht Interiors‹ schneiten mir als Geschenke ins Haus. Unabhängig voneinander hatten sie mir verschiedene, streng konservative Segler zugesandt. Als ich die Bücher durchblätterte, fand ich in einigen recht unhöfliche Anmerkungen, die mir nahelegen sollten, in welche Richtung ich meine zukünftigen Bemühungen im Schiffsbau lenken sollte. Die Bücher, die nicht mit Randnotizen versehen waren, ergaben hervorragende Geschenke für andere Enthusiasten.

Ich habe beruflich mit der Yachtindustrie zu tun, und seit mehr als 25 Jahren bekomme ich die faszinierende Vielfalt der verschiedensten Yachttypen zu Gesicht. Angefangen beim 12 Fuß langen Dingi bis hin zu 250 Fuß-Motoryachten empfinde ich Bewunderung und Freude an der großen Kollektion von Schiffen.

Ich schwärme für Yachten und offensichtlich Jill und Dana auch. Obwohl das Buch ›Classic Yacht Interiors‹ die zwei Autorinnen als Segelschiff-Fanatiker erkennen läßt, ist dieses neue Buch erheblich vielseitiger in der Thematik. Es zeigt eine breite Palette von Yachttypen und enthält Interviews mit vielen Baumeistern, Stilisten und Dekorateuren, die richtungsweisend im modernen Schiffsbau sind.

Da Jill und Dana in erster Linie einen Bildband produzieren wollten, verzichteten sie auf fachliche Streitfragen, die oft im Zusammenhang mit Megayachten diskutiert werden. Mit diesem Buch ist ihnen eine fundierte Zusammenfassung von Yachten gelungen, und ich bin sicher, daß die Enthusiasten enthusiastisch bleiben und einige Möchtegerne-Eigner zu wirklichen Eignern bekehrt werden.

George Nicholson

George Nicholson
Yachtkonstrukteur / Yachtmakler / Berater
für Megayachten

# Acajou

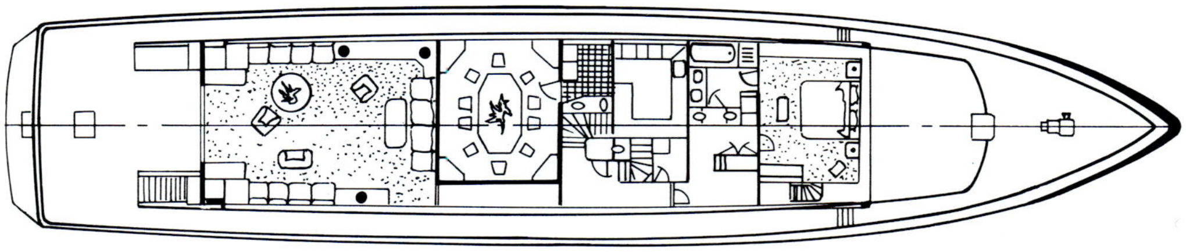

MIKE MEADE

Acajou, im Besitz eines Saudi Arabiers, ist die Yacht mit dem größten lackierten Rumpf der Welt. Sie lief 1983 bei Les Chantiers Navals De L'Esterel vom Stapel, wo sie in Zusammenarbeit mit dem Schiffsarchitekten Andre Mauric gebaut wurde. Der flexible und widerstandsfähige Rumpf ist mit feinstem Mahagonie dreifach beplankt und ohne Kalfatermasse verleimt. Eine dicke Schicht extrastarkes Epoxide-Harz schützt das Holz vor Bohrwürmern. Selbst wenn sie in Cannes inmitten einer Flottille der größten Megayachten vor Anker liegt, sticht sie durch ihre Einmaligkeit jedem Betrachter ins Auge.

Der Entwurf für die Inneneinrichtung stammt von Jon Bannenberg. Glatte Formen paaren sich mit modernster Technik in dem ultramodernen Hauptsalon, der dezent in den Farben hellbeige und weiß gehalten ist. Den Achtersalon beherrscht eine weiße U-förmige Ledercouch und eine gepolsterte Decke. Der Salon ist für Unterhaltungen jeglicher Art eingerichtet, einschließlich Spieltisch, Video- und Stereoanlage und eines gut sortierten Filmsortiments. Der Speisesalon liegt mittschiffs. Ein ovaler Tisch, umgeben von freischwingenden Stühlen aus Edelstahlrohren und mit komfortablen Lederpolstern überzogen, bietet zehn Personen Platz.

Die große Eignerkabine befindet sich im Vorschiff auf dem Hauptdeck. Die gepolsterte Wand hinter dem Doppelbett geht in eine gepolsterte Decke über. Gegenüber dem Bett steht eine weitere Spielanlage. Um Spiel und Spaß vollends gerecht zu werden, kann man sich noch in einem sechseinhalb Quadratmeter großen Jacuzzi-Bad tummeln. Die Kabine ist zu den überwiegend weißen Farbtönen burgunderfarben abgesetzt. Da für jeden Raum nur eine Akzentfarbe benutzt wurde (eines der Gästezimmer ist in Gold abgesetzt), wirken die Räume klar und modern.

Man findet an Bord noch einen Aussichtsraum, ein großes Sonnendeck mit Dusche, Bar, beheiztem Handtuchschrank und einen Eßtisch im Freien vor der Schiffsplattform und dem Mast. Acajou ist nicht nur ein wunderschönes Schiff. Mit zwei turbogeladenen MTU 16 Zylinder Dieselmotoren kann sie über 35 Knoten Geschwindigkeit erreichen – ganz schön schnell für eine 42 Meter-Yacht!

MIKE MEADE

MIKE MEADE

MIKE MEADE

**Typ:** Motoryacht
**LüA:** 42 Meter
**Breite:** 7,75 Meter
**Tiefgang:** 2,1 Meter
**Verdrängung:** 165 BRT
**Designer:** Jon Bannenberg/Innen
**Bauwerft:** Chantiers de L'Esterel
**Baujahr:** 1983
**Rumpfmaterial:** Mahagoni formverleimt
**Motorisierung:** MTU 16 V 538 TB 92, 7340 PS
**Reisegeschwindigkeit:** 15–30 Knoten
**Max.-Geschwindigkeit:** 34 Knoten

MIKE MEADE

MIKE MEADE

# Al Kumait

MIT FREUNDLICHER GENEHMIGUNG VON MR. TERRY DISDALE

*Al Kumait,* ein High Speed Motorcruiser, wurde nach einem berühmten Rennpferd benannt. Er ist der Prototyp für die Tarquin Gulf 50, mit dem Styling von Terry Disdale. Diese besondere Yacht wurde für Usamah Ziad Al Kazemi entworfen. Der Geschäftsmann aus Kuweit hatte sehr genaue Vorstellungen darüber, was er wollte. Der 50 Fuß lange Cruiser ist vollständig mit Aircondition ausgestattet. Sein riesiger Salon erstreckt sich über die ganze Breite des Schiffes. Eine neuartige Bauweise macht dies möglich. Die Seitendecks wurden durch Treppen ersetzt, die über das Deckshaus führen.

Die Innenräume sind ausgestattet mit eigens entworfenen Wollstoffen, die in Irland gewoben wurden, Leder- und Wildledersesseln und hochglanzpoliertem libanesischem Walnußholz. Da Al Kazemi der Anblick von Schrauben, Bolzen und Scharnieren mißfällt, wurden sie geschickt verborgen; die Türen öffnen sich wie durch Geisterhand. Jedes Teil auf dem Schiff ist eine Sonderanfertigung.

Zu den weiteren Besonderheiten zählt eine Gefriertruhe im Cockpit, ein hydraulisch betriebener Tisch, der in den Boden versenkt werden kann, ein Fernsteuerungssystem, das eine Crew fast unnötig macht. Einmalig ist die Kombüse. Man kann sie ins hintere Cockpit ausfahren und nach Gebrauch wieder verschwinden lassen. Am meisten beeindruckt die luxuriöse Eignerkabine mit ihrem sieben Fuß breiten Rundbett, völlig mit Fell überzogen. Man darf schließlich nicht vergessen, daß das Schiff ausschließlich fürs Amusement gebaut wurde!

**Typ:** Motorcruiser
**LüA:** 16,1 Meter
**Breite:** 4,6 Meter
**Tiefgang:** 1,0 Meter
**Verdrängung:** 14 Tonnen
**Designer/Stylist:** Terry Disdale
**Rumpfdesigner:** Bernard Olesinski
**Bauwerft:** Tarquin Boat Company, England
**Rumpfmaterial:** Fiberglas
**Motorisierung:** 2 Volvo Penta TAMD 70 D turbo

MIT FREUNDLICHER GENEHMIGUNG VON MR. TERRY DISDALE

MIT FREUNDLICHER GENEHMIGUNG VON MR. TERRY DISDALE

MIT FREUNDLICHER GENEHMIGUNG VON MR. TERRY DISDALE

MIT FREUNDLICHER GENEHMIGUNG VON MR. TERRY DISDALE

# Alma

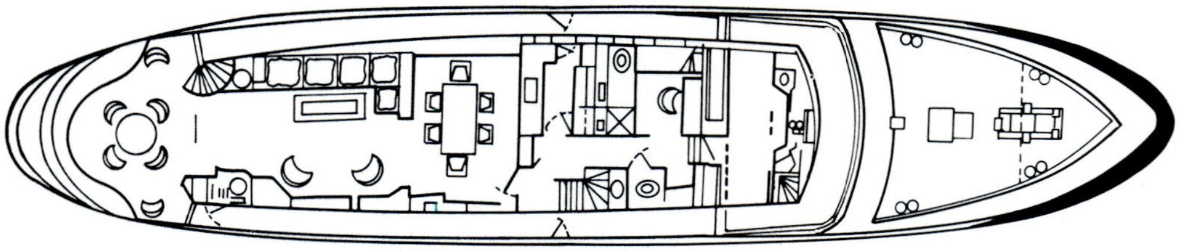

**Typ:** Motoryacht
**LüA:** 33 Meter
**Breite:** 6,8 Meter
**Tiefgang:** 2,2 Meter
**Designer:** H. W. de Voogt & Zn., Haarlem
**Baujahr:** 1970
**Rumpfmaterial:** Stahl
**Motorisierung:** 2 Cat D343's, je 460 PS

Alma ist eine Feadship-Yacht mit Charme. Sie wurde ursprünglich als Motorsegler konstruiert. 1970 lief sie vom Stapel. Ihr Eigner benutzte sie als eine Art Begleitschiff für das Trans Pazifik-Rennen nach Hawaii. Die Yacht kann den Pazifik ohne Zwischenstop überqueren. Mit den großen Treibstofftanks und einer Wasserentsalzungsanlage ist sie ziemlich unabhängig. Ihr Aktionsradius erstreckt sich über erstaunliche 7000 Seemeilen.

Holzeingefaßte Glastüren trennen das sonnengeschützte Achterdeck vom Hauptsalon. Um einen runden Glastisch gruppieren sich großzügige Ratan- und Peddigrohrsessel. Blickfang auf dem Achterdeck ist der nach Maß gefertigte Wollteppich, der im ganzen Schiff ausliegt. Das darauf dargestellte Unterwassermotiv, Krebstiere und Korallen, harmoniert in unterschiedlichen Braun-, Grün- und Sandtönen.

Der Hauptsalon wurde in gedämpften Erdfarben ähnlich gestaltet. Eine L-förmige Couch, die mit dunkelbraunem Büffelleder bezogen ist, beherrscht eine Wand. Ein Kaffeetisch, Seidenkissen, die drei lackierten Wandvertäfelungen hinter dem Eßzimmertisch und mehrere Bilder in den Durchgängen, geben den Räumlichkeiten ein orientalisches Flair. Die fenstergroßen Bilder im Eßbereich und im Hauptsalon verschaffen eine lichte Atmosphäre. Um den Eindruck von Helligkeit und Großzügigkeit zu unterstreichen, wurden die Teakwände aufgehellt und mit mattem Lack versiegelt. Die Einrichtung wirkt klar und modern, ohne kalt oder steril zu sein. Die Kabinen für sechs Gäste und die Mannschaftsräume befinden sich ein Deck tiefer. Zwei der Gästezimmer sind mit Doppelbetten, ein weiteres mit einem King-Size Bett eingerichtet. Zu jeder der Kabinen gehört ein eigenes Bad mit vergoldeten Armaturen. Zimmerhohe Spiegel lassen die Kabinen noch geräumiger erscheinen. In der größten Kabine findet sich das Muster des Teppichs im Achterdeck wieder. Der Vorhang hinter dem Bett zeigt ein Stilleben von Muscheln und Korallen, ebenso der Bettüberwurf und die Vorhänge. Die dezente helle Decke harmoniert mit dem Kunstwerk. Auf dem Deck stehen zwei Barkassen bereit, wie man es bei einem Schiff dieser Größenordnung erwarten kann. Was man allerdings nicht erwartet, ist das Auto, das mittels Davits an Land gehoben werden kann. Es ist einer der sechs exklusiven Strandwagen vom Typ Shellettes, die auf Fiat 850 Basis gebaut wurden. Die Sitze sind aus Weide geflochten. Die Eigner haben ihre Freude an diesem Fahrzeug, im kalten Cutty Hunk ebenso wie im warmen Peter Island.

ADRIAN LOUGHBOROUGH

# Al Riyadh

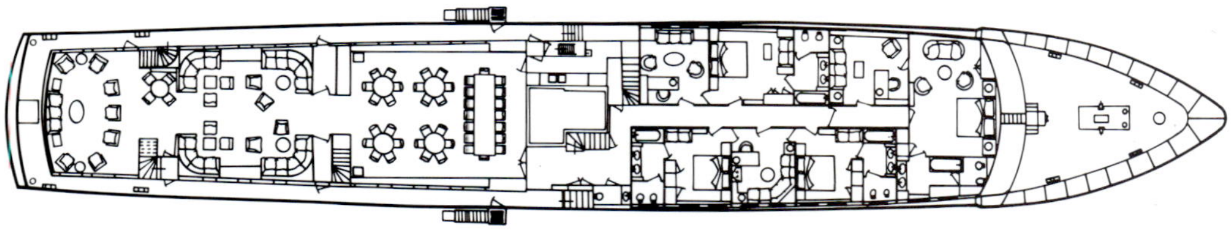

**Typ:** Motoryacht
**LüA:** 64,64 Meter
**LWL:** 59,72 Meter
**Breite:** 9,7 Meter
**Tiefgang:** 3,13 Meter
**Designer:** Pierre Tander/Innen
**Bauwerft:** Feadship
**Baujahr:** 1978
**Rumpfmaterial:** Stahl
**Motorisierung:** 2 MTU Diesel, Modell 16 V 956 TB 71, je 3150 PS bei 1500 U/min
**Geschwindigkeit:** 20 Knoten

NATIONAL PHOTO PERSBUREAU

Al *Riyadh* suggeriert schon durch den Namen ihr arabisches Flair. Das wird besonders im oberen Gesellschaftsraum deutlich, der einem arabischen Zelt ähnelt. Frits de Voogt entwarf die Yacht für König Khalid von Saudi-Arabien. Gebaut wurde die Yacht von der Van Lent Werft. Bis zu ihrer Fertigstellung vergingen fast zweieinhalb Jahre. Dieser schwimmende Palast ist mit allem ausgestattet, vom Friseursalon bis hin zu einer komplett eingerichteten Intensivstation, einschließlich Strahlenabteilung. Khalid, der an einer Herzkrankheit litt, wollte sichergehen, daß er jederzeit ärztlich versorgt werden konnte.

Peter Tander schuf die Innenausstattung. Er verwendete helles Eichenholz, Bronze- und Edelstahlornamente. Da der König häufig viele Gäste um sich versammelte, mußten die Empfangszimmer und Wohnräume sehr groß sein. Das Speisezimmer faßt 40 Personen. Im zeltähnlichen Wohnzimmer auf dem Oberdeck sind die Decke, die Schotts und die Sessel mit blau-weiß gestreiftem Stoff bespannt.

NATIONAL PHOTO PERSBUREAU

NATIONAL PHOTO PERSBUREAU

NATIONAL PHOTO PERSBUREAU

# Aquarius

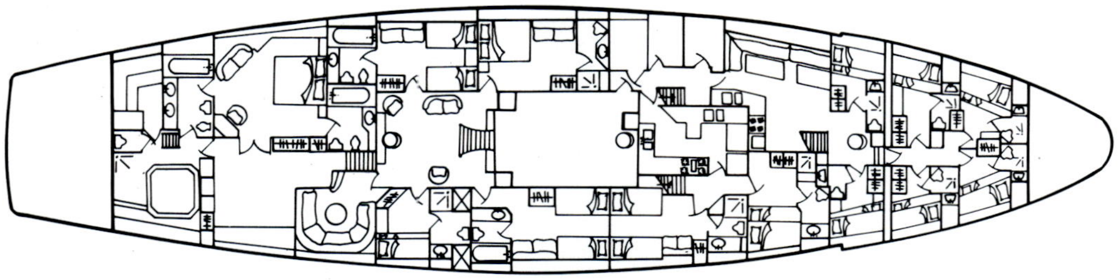

**Typ:** Dreimast-Schoner
**LüA:** 53,3 Meter
**LüD:** 47,5 Meter
**Breite:** 9,8 Meter
**Tiefgang:** 3,8 Meter
**Designer:** Henry J. Gielow; Neues Design von James M. Stoll
**Bauwerft:** Bath Iron works, Bath, Maine, Generalüberholung: Abeking & Rasmussen, Lemwerder, West-Deutschland
**Baujahr:** 1930; Generalüberholung: 1983
**Rumpfmaterial:** Stahl
**Motorisierung:** 2 Volvo Penta TAMD 120 B/360 PS bei 1800 U/min
**Segelfläche:** 1059 Quadratmeter

FRED DOVASTON

*Aquarius* lief 1930 vom Stapel. Ihre Auftraggeber waren die Roebelings, die als Konstrukteure der Brooklyn Bridge Berühmtheit erlangt hatten. Die Aquarius wurde nach Lloyds Standard 100 A1 im Werftbetrieb der Firma Bath Iron in Bath/Maine gebaut, der Wiege vieler schöner Yachten dieser Aera. Das Schiff wurde auf den Namen Black Douglas nach der Figur aus einer schottischen Legende getauft, was in gälisch soviel wie ›dunkles Wasser‹ bedeutet.

Mr. Roebeling hatte die Yacht elf Jahre lang in seinem Besitz. Die meiste Zeit benutzte er sie als seine ›Privatinsel‹, nachdem er eine abenteuerliche Reise um Cap Hoorn hinter sich gebracht hatte. 1941 kam sie durch Beschluß des Kongresses in staatliche Hände. Sie wurde wegen einer Mission zum Schutz von Robben nach Alaska ausgesandt. Aber die Reise fand ein abruptes Ende, als sie vor der kalifornischen Küste von einem feindlichen Unterseeboot beschossen wurde. Das war zehn Tage nach der Bombardierung von Pearl Harbor. Nachdem Amerika in den Krieg eingetreten war, wurde die Yacht von der amerikanischen Marine zu einem Tankschiff umfunktioniert. Zu diesem Zweck mußte sie es sich gefallen lassen, daß man ihr Rigg entfernte. Nach dem Krieg verwendete man sie für den Tierschutz. Sie spürte Robben in Alaska auf und fuhr zehn Jahre lang als Forschungsschiff.

Anfang der sechziger Jahre wurde sie bei einer Auktion an einen Schatzsucher verkauft, der pleite ging. Daher lag sie sieben Jahre vor Anker. 1972 fand die Black Douglas einen neuen Besitzer. Unter dem Namen Te Quest fuhr sie nun als Schulschifff über die Meere. Ein neues Rigg war nach Originalplänen gefertigt worden. Das ganze Schiff wurde überholt und mit Schulzimmern ausgestattet.

Die nächsten neun Jahre segelte sie Seite an Seite mit der Yacht ›Te Vega‹ durch die Karibik, das Mittelmeer, die Nord- und Ostsee, an der afrikanischen Küste entlang und den Amazonas weit hinauf. Flaggenführer war die Flint-Schule.

1982 wurde sie wieder verkauft und unter der Flagge eines privaten Eigners in die Abeking & Rasmussen-Werft gebracht. Dort wurde sie vollständig auseinandergenommen, der Stahlrumpf generalüberholt und vom Kiel bis zum Deck neu aufgebaut. Mr. Stoll, ein früherer Besitzer, übernahm die Ausstattung. Er plante, organisierte und beaufsichtigte den interessanten Innenausbau. Das Schiff beherbergt nun sieben Doppelkabinen mit Bad für Gäste, ein Büro und einen Wohn- und Schlafraum mit je einem Bad für sie und ihn. Es fehlt nicht an einer Bibliothek, einem geschlossenen Steuerstand, zwei Bars, zwei Küchen und sechs Doppelkabinen mit Bädern für die Crew.

Im Motorraum sind zwei Motoren, eine Wasseraufbereitungsanlage und eine Klimaanlage installiert. Drei Generatoren versorgen das Schiff mit Bordstrom. Die Aquarius ist über 22 Telefonanschlüsse mit der Außenwelt verbunden, die über Satellit, Telefax und Telex geschaltet sind. Das Steuerhaus ist mit den modernsten Navigationsgeräten ausgerüstet.

Der Innenausbau und die Gestaltung des Deckhauses wurde nach den Ideen von John Munford bei Abeking & Rasmussen durchgeführt. Die Einrichtung besorgte Els Stoll. Die Yacht wurde in A1, die höchste Klasse des amerikanischen Bureau of Shipping eingestuft. Somit wird die Aquarius nach einem abwechslungsreichen Dasein wieder einmal ausschließlich als Privatyacht genutzt. Aber ein Problem hat sie immer noch: ihre Masten sind mit 39 Metern um einen Meter zu hoch für die Brooklyn Bridge, die nur 38 Meter hoch ist.

FRED DOVASTON

# Australia II

BARRY STEVENS

Typ: ›Zwölfer Rennklasse America's Cup‹
**LüA:** 19,51 Meter
**LWL:** 13,41 Meter
**Breite:** 3,73 Meter
**Tiefgang:** 2,53 Meter
**Bauwerft:** S. E. Ward & Co., Cottesloe, Perth, Australien
**Designer:** Ben Lexcen

DAN NERNEY

TED KELLEY, PHOTO-BOAT

*Australia II* löste 1983 eine Revolution in der Geschichte des Segelsports und im Yachtdesign aus. Die australische ›12‹er Slup fuhr als erste ausländische Siegeryacht beim America's Cup über die Ziellinie. Sie beendete damit die 132 Jahre andauernde Siegesserie der Amerikaner. Der Royal Perth Yacht Club konnte den Pokal in Empfang nehmen. Dieser besonders leichtgewichtige ›Zwölfer‹ wurde nach einem Entwurf von Ben Lexcen gebaut. Das Gewicht beträgt etwa 23175 Kilo, auf vordere und hintere Rumpfüberhänge hat Lexcen fast ganz verzichtet. Das wirklich Neue an der Australia II ist die Kielform. Der sogenannte Flügelkiel ist unten breiter als oben und verfügt über zwei etwa 1,80 Meter breite Flügel, die rund 90 Zentimeter rechtwinklig nach unten zeigen. Diese neuartige Kielform rief schon während der Ausscheidungsläufe die Skeptiker auf den Plan. Ein Protest folgte auf den anderen. Schließlich verlor der amerikanische Club seine Proteste, und die Australia II durfte starten.

Lexcens neue Kielform läßt besonders enge Wendemanöver zu. Die Flügelkielyacht beschleunigt schneller aus den Wenden heraus, ihre Spitzengeschwindigkeiten sind absolut überzeugend. Mit 14,65 Metern in der Wasserlinie und dem geringstmöglichen Rumpfgewicht ist die Australia II dicht an die Formelgrenzen konstruiert worden. Das Konzept bewährte sich. Die übliche Abdrift bei Wendemanövern ist eindeutig geringer als bei Yachten mit herkömmlichen Kielkonstruktionen. Die Australier hüteten ihre Yacht wie ein Staatsgeheimnis. Ihr Kiel wurde nach jeder Wettfahrt mit Plastikplanen umhüllt, um sie den neugierigen Blicken der Konkurrenz zu entziehen. Tatsächlich wurden ihre Konstruktionsformen erst nach dem Sieg der Öffentlichkeit präsentiert.

Das Jahr 1983, das die Seglerwelt aus dem Gleichgewicht gebracht hatte, war Alan Bonds vierter Einsatz beim America's Cup. Er hatte ein hervorragendes Team um sich versammelt: John Bertrand, den Olympiasieger in der Finnklasse, Soling-Champion und erfahrenen Hochseesegler am Steuer. Sir James Hardy, Skipper der letzten drei australischen Wettkämpfe, war zweiter Steuermann, und Hugh Treharne, ein Segelmacher, fungierte als Taktiker.

Die Herausfordereryacht der Amerikaner, die Liberty, zeigte sich hoch am Wind der Australia II durchaus gewachsen. Zunächst schien sie sogar leicht an Boden gutzumachen, doch den rasanten Wendemanövern und der Beschleunigung von Australia II war sie nicht gewachsen.

Um den America's Cup hatten die Amerikaner 24 Mal mit Erfolg gekämpft. Die Niederlage von 1983 ist zweifellos ein noch nie dagewesenes Ereignis in der Geschichte des Sports. 1870 wurde der Cup zum ersten Mal verteidigt. Damals war James Ashbury mit seinem Schoner ›Cambria‹ von 35,60 Metern Länge der einzige ausländische Teilnehmer. Er war gegen eine ganze Flotte amerikanischer Slups und Schoner angetreten. Die Cambria verlor gegen den Schoner ›Magic‹ von Franklin Osgood, der einen Vorsprung von 39 Minuten und zwölf Sekunden herausgefahren hatte.

Am 24. September 1983 beendete die Australia II das Endrennen um den America's Cup mit gerade 41 Sekunden Vorsprung vor der Liberty. Das Bild oben zeigt die Liberty und die Australia II Seite an Seite.

DAN NERNEY

# Azteca

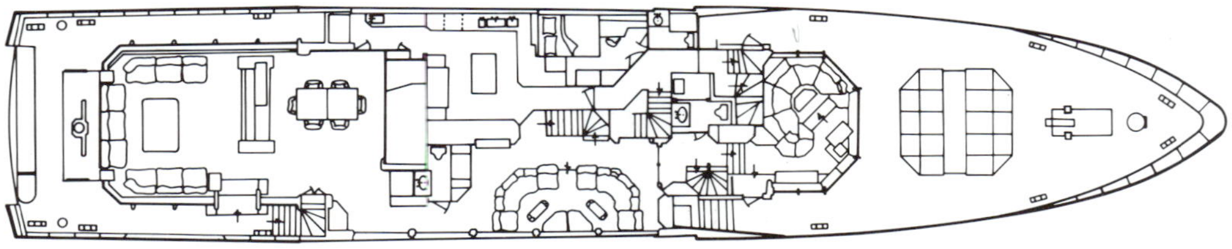

NATIONAL FOTO PERSBUREAU

NATIONAL PHOTO PERSBUREAU

**Typ:** Motoryacht
**LüA:** 44,8 Meter
**LWL:** 36,7 Meter
**Breite:** 8,4 Meter
**Tiefgang:** 2,5 Meter
**Designer:** Jon Bannenberg, Ltd., London
**Konstrukteure:** H. W. de Voogt & Son, Haarlem, Holland
**Bauwerft:** Feadship, Holland
**Rumpfmaterial:** Stahl
**Motorisierung:** 2 MTU Marine-Diesel Modell 16 V 538, TB 82, je 2950 PS bei 1760 U/min
**Geschwindigkeit:** 22 Knoten

Azteca ist eine von zwei Tochteryachten, die für einen international tätigen Geschäftsmann aus Mittelamerika gebaut wurden. Azteca ist nicht nur ein schnelles Schiff, sie ist in ihrer gesamten Konzeption revolutionär. Der Rumpf ist eine Konstruktion von de Voogt bei der Feadship Company. Die Schiffslinien und die Inneneinrichtung entstammen Jon Bannenbergs Feder. Gebaut wurde die Yacht bei de Vries, einer der beiden holländischen Werften, die Feadships bauen dürfen.

Die hohen Seitenflächen und die Aufbauten, die an Gewächshäuser erinnern, geben dem Schiff ein ungewöhnliches Aussehen. Entgegen traditioneller Schiffsbauweise wurde der Rumpf bis hinauf zum oberen Deck hochgezogen. Vielen Leuten gefällt die radikale Form überhaupt nicht. Aber man muß anmerken, daß die Gestaltung nicht nur um des Auffallens willen gemacht wurde. Durch diese Formgebung wird kein Innenraum vergeudet, das Schiff ist in seiner gesamten Größe vollständig genutzt. Bannenberg weiß seinen außergewöhnlichen Entwurf zu verteidigen. Er sagt, daß sich 50 oder 60 Personen in den vielen komfortablen Gesellschaftszimmern frei bewegen können, ja, daß sie sich nahezu verlieren würden.

Eigenwillig ist das mit Aircondition ausgestattete gläserne Solarium auf dem Oberdeck. Die Suite des Eigners erstreckt sich über zwei Decks und endet in einer Aussichtsplattform auf dem vorderen Hauptdeck. Die großzügigen Räume sind mit Ahornfurnier verkleidet, die Decken gepolstert und mit feinstem Ziegenleder bezogen. Speziell für die Yacht entworfene und gewobene Stoffe aus Seide und Baumwolle verdecken die Schotten. Dicke Wollteppiche aus feinstem Garn schmücken die Fußböden in den Kabinen. Alles zusammen signalisiert höchsten Komfort.

Neben den luxuriösen Wohnräumen des Eigners sind drei Gästezimmer mit Doppelbetten und je einem persönlichen Bad eingebaut. Mittschiffs und achtern befindet sich je ein Salon. Vor dem achterlichen Salon liegt das Speisezimmer, eine Lounge und eine Bar.

Die Quartiere der Crew wurden gänzlich separat eingebaut. Somit ist eine maximale Privatsphäre für den Eigner und seine Gäste gewährleistet.

Sollte Ihnen der Anblick dieser Yacht nicht den Atem rauben, so werden Sie bestimmt überwältigt sein, wenn Sie die Azteca neben der Paraiso liegen sehen. Paraiso ist das Schwesterschiff, das dem gleichen Eigner gehört. Beide Schiffe nebeneinander wirken wie ein Donnerschlag.

JON BANNENBERG

NATIONAL PHOTO PERSBUREAU

NATIONAL FOTO PERSBUREAU

# Blue Horizon IV

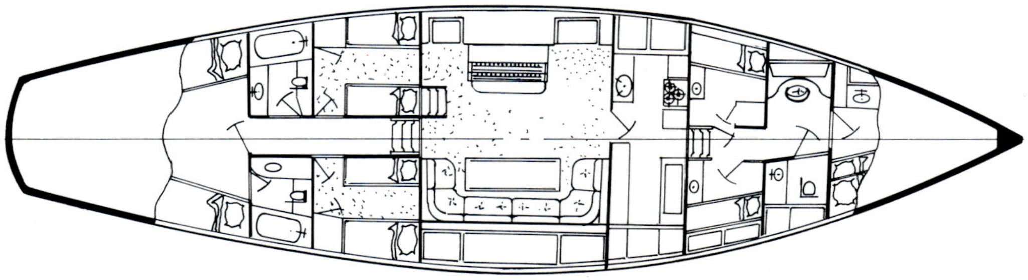

**Typ:** Ketsch Motorsegler
mit Doppelschraubenanlage
**LüA:** 30,18 Meter
**LWL:** 20,2 Meter
**Breite:** 6,5 Meter
**Tiefgang:** 3,8 Meter
**Verdrängung:** 114,20 BRT
**Bauwerft/Designer:**
Camper & Nicholsons, Ltd.
**Baujahr:** 1960;
Generalüberholung 1979–1980
**Rumpfmaterial:** Stahl
**Motorisierung:** 2 Mercedes Benz
V-10 Diesel OM 403,
450 BHP Doppelschrauben-
Untersetzungsgetriebe
**Reisegeschwindigkeit:** 11 Knoten

*Blue Horizon IV,* ein Motorsegler, der 1960 von Camper & Nicholson gebaut wurde, fällt durch seine äußerst ungewöhnliche Innenausstattung auf. Dem Betrachter sticht als erstes die geräumige Lounge mit Speiseraum auf Deck ins Auge. Eine Plexiglaswand trennt sie vom Steuerhaus. Dieses Deckshaus mit seinen großen, zu öffnenden Fenstern, ließen die Eigner 1979 nachträglich anfertigen.

Die Räumlichkeiten unter Deck wurden 1979/80 eingebaut und ausgestattet. In diesen Räumen erinnert gar nichts daran, daß man sich auf einem Schiff befindet. Die üblichen Einbauschränke und Teakpaneele fehlen. Die kardanische Aufhängung des Eßtisches ist das einzige, was an ein Schiff erinnert. Die Eigner, ein amerikanischer Geschäftsmann und seine Frau, haben während ihrer vielen Reisen rund um die ganze Welt die verschiedenartigsten Kunstgegenstände gesammelt. Die Prachtstücke, überwiegend aus Korea, Thailand, China und Indien, können hier bewundert werden. Die Schränke wirken wie orientalische Wandschirme, Wandteppiche verdecken die Schotten, und antike Masken runden das exotische Erscheinungsbild ab. Stellvertretend für ein ganzes Orchester steht im Hauptsalon eine elektronische Yamaha-Orgel.

Durch einen separaten Eingang gelangt man in die Küche und die Quartiere der Crew. Die Küche wurde 1979 umgebaut und mit einem begehbaren Tiefkühlschrank, einer Waschmaschine mit Trockner und noch mehr Stauraum versehen.

Sechs Stufen höher, an der Backbordseite hinter dem Hauptsalon, liegt ein Gästezimmer für zwei Personen. Ein wild gemusterter Bettüberwurf und eine dazu passende Tapete schmücken die Kabine. Eine schwarz lackierte Kommode unterstreicht die Dramatik des Raumes. Gegenüber befindet sich ein weiteres Gästezimmer für einen Gast. Hier dominiert ein blaues Blumenmuster, das sich überall wiederholt, bis hin zur Decke. Für den Komfort des Gastes steht im Badezimmer eine Wanne in voller Länge sowie ein vergoldetes Sherle Wagner-Waschbecken bereit.

Über den hinteren Durchgang gelangt man in die Eignerkabine, die sich über die volle Breite des Schiffes erstreckt. Vier Luken und ein großes Oberlicht sorgen für frische Luft und Helligkeit. Auch hier ist eine Fülle von Sammlerstücken aus der ganzen Welt zu bewundern. Das gekachelte Badezimmer ist mit Badewanne und vergoldetem Waschbecken ausgestattet.

Die Blue Horizon IV ist eine Familienyacht, die ganz nach dem eigenwilligen Wunsch ihrer Besitzer veredelt wurde. Die meiste Zeit liegt sie in Monaco.

MIT FREUNDLICHER GENEHMIGUNG VON MR. R. CHALK

# Blue Shadow

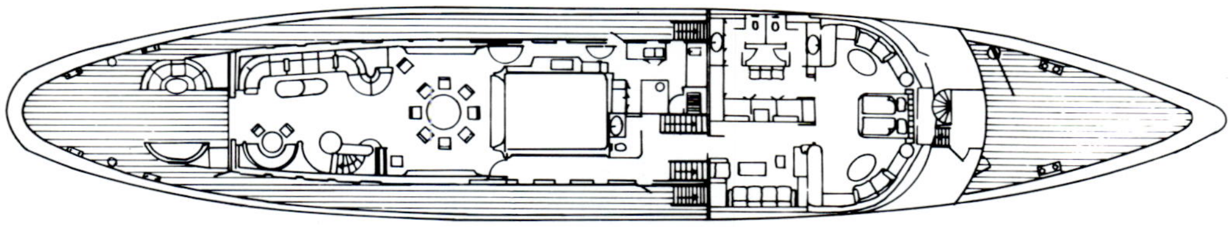

**Typ:** Motoryacht
**LüA:** 50,8 Meter
**Breite:** 8,35 Meter
**Designer:** G. De Jorio
**Bauwerft:** Italien/Generalüberholung: Luerssen Co., Bremen
**Baujahr:** 1964; Generalüberholung: 1985
**Rumpfmaterial:** Stahl
**Hauptmotorisierung:** 2 × MTU, je 1350 PS
**Reisegeschwindigkeit:** 15 Knoten
**Reiseentfernung:** bis zu 5700 Seemeilen

*Blue Shadow* wird als Charterschiff eingesetzt. Im Winter fährt sie in der Karibik, im Sommer im Mittelmeer. Sie kann bis zu zwölf Gäste aufnehmen, die in Doppelkabinen mit Bad untergebracht werden. Eine erfahrene, internationale 13köpfige Crew betreut die Yacht in altenglischer Weise. Unter dem Namen New Horizon C lief die Yacht 1964 vom Stapel. 1985 wurde sie gründlich überholt und umgebaut. Das ursprüngliche Brückendeck wurde entfernt, das Brückenhaus und der Bug vergrößert. Der Umbau erfolgte in Bremen. Das Ergebnis ist eine leistungsfähige, tadellose Yacht, die den höchsten Standard deutscher Bootsbauerkunst und deutschen Maschinenbaus repräsentiert.

Südpazifisches Flair durchzieht sämtliche Räume, vom Hauptsalon bis zu den Kabinen. Alles ist in den Farben beige und türkis gehalten. Der Eindruck von Licht und Sonne wird durch cremefarbene Decken aus feinstem Wildleder unterstrichen, die verspiegelten Glasflächen lassen weiches Licht ein. Den großen Eßtisch ziert eine Tischplatte, die wegen ihres pergamentartigen Aussehens ungewöhnlich ist. Die Gäste finden auf gepolsterten Sesseln ihre Plätze. Zur musikalischen Unterhaltung steht im geräumigen Wohnzimmer eine Orgel.

Die Privaträume befinden sich auf dem Hauptdeck vor dem Salon. Eingangs liegt ein großes, behaglich eingerichtetes Arbeitszimmer. Im weiträumigen Schlafzimmer verbirgt sich hinter einem Vorhang ein exklusiver, begehbarer Schrank. Die Gästekabinen tragen Namen romantischer Inseln, wie ›Fiji‹ oder ›Maui‹.

Die große Küche an Deck ist unter anderem speziell für die Zubereitung chinesischer Gerichte ausgestattet. Chinesische Mahlzeiten gehören zu den Lieblingsgerichten des Eigners. Die ganze Yacht ist durch und durch modern.

Das Schiffsdeck bietet in seiner Weite enorm viel Platz für Parties. Auf dem Sonnendeck stehen gelbe Liegestühle und hellgelbe Polster für die Gäste bereit, passend zu Sonne und Meer.

M.P. ANDREW

# Britannia

**Typ:** Schiff
**LüA:** 125 Meter
**LBP:** 109 Meter
**LWL:** 115 Meter
**Breite:** 16 Meter
**Tiefgang:** 10 Meter
**Ladeverdrängung:** 4715 Tonnen
**Tonnage:** 5769 Tonnen
**Motorisierung:** Dampfturbinen mit Doppelschrauben Untersetzungsgetriebe, entwickelt von John Brown und Parsons Marine Eng. Res. and Dev. Assoc., / 12000 PS für eine Dauergeschwindigkeit von 21 Knoten bei 286 U/min
**Bauwerft:** John Brown & Co. (Clydebank) Ltd.
**Baujahr:** 1954

*Britannia* wurde von Sir Victor Shepheard K.C.B., dem Direktor von Naval Construction, konstruiert. Das Schiff hat zweierlei Aufgaben zu erfüllen. In Friedenszeiten steht es als königliche Yacht bereit. In Kriegszeiten soll es als Hospitalschiff zur Verfügung stehen. Das Schiff wurde offiziell im Februar 1952 in Auftrag gegeben. Die Kiellegung fand im Juni des gleichen Jahres statt. Königin Elizabeth ließ am 16. April 1953 das Schiff zu Wasser, am 11. Januar 1954 war die Britannia fertig ausgebaut und wurde von der Admiralität abgenommen.

Die Britannia ist von ihrem blauen, goldumrandeten Rumpf bis in die Innenräume eine edle Yacht. Prinzessin Anne und Mark Phillips, und Charles und Diana verbrachten ihre Flitterwochen an Bord. Manchmal ist die Yacht auch in ernsten Geschäften unterwegs. So mußte sie einst Flüchtlinge aus dem Südjemen retten. Nebenstehendes Bild zeigt die Yacht vor den Hügeln der Insel St. Vincent in den Grenadinen, Karibik. Das Schiff gehört nicht, wie oft angenommen, der Queen, sondern dem Verteidigungsministerium. Ihr Kapitän ist ein Konteradmiral. Während ihrer Besuche der Commonwealthländer legte das Schiff über 700000 Meilen zurück. Wenn die Königin an Bord ist, wird das Schiff von einer 277 Mann starken Crew, die mit Uniformen aus der Zeit Königin Victorias ausstaffiert ist, betreut. Die Innenausstattung ist komfortabel und von auserlesener Eleganz. Das Vorzimmer mit seinen hell bezogenen Sofas und Sesseln wirkt freundlich auf den Besucher. Außer einem Flügel beherrscht ein Ölgemälde über dem Kamin den Raum. Das Wohnzimmer ist mit einem bequemen, blaßgrünen Samtsofa und einem langen Arbeitstisch möbliert. Über dem imitierten Kamin hängt ein runder, vergoldeter antiker Spiegel. Das geschlossene Panoramadeck ist holzgetäfelt und mit zwei kleinen, blaugeblümten Sofas eingerichtet. An einer der Wände reichen Fenster vom Boden bis zur Decke. Das Speisezimmer, in dem mehrere lange Tische zusammengestellt sind, erinnert ein wenig an ein gepflegtes Speiserestaurant irgendwo außerhalb Londons. Der Raum ist traditionell und förmlich, beinahe reizlos. Tatsächlich stellt die gesamte Einrichtung der Britannia den Inbegriff britischer Tradition dar. Nichts ist neumodisch oder gar extravagant. Die Räume strahlen ruhige Eleganz und vornehmen Komfort aus.

THE PHOTO SOURCE LTD.

THE PHOTO SOURCE LTD.

THE PHOTO SOURCE LTD.

# Buckpasser

MIT FREUNDLICHER GENEHMIGUNG VON MR. HITACHI ZOSEN

MIT FREUNDLICHER GENEHMIGUNG VON MR. HITACHI ZOSEN

*Buckpasser* ist die erste Motoryacht einer Serie, die von Hitachi Zosen in Japan gebaut wurde. Hitachi Zosen kann auf eine hundertjährige Erfahrung im Bootsbau und in der Industriefertigung zurückblicken. Doch dieses Projekt eröffnete der Firma und dem Eigner der Buckpasser ein völlig neues Feld. Obwohl die Werft in Kanagawa gut ausgelastet ist, wird mit der selben Akribie, mit der Supertanker gebaut werden, auch ein ›nur‹ 120 Fuß großes Schiff gebaut. Es ist üblich, die Kiellegung einer großen Yacht mit einer Feier zu begehen. In Japan kommt ein buddhistischer Priester an Bord, der die Yacht segnet.

Der Skipper der Buckpasser steht schon seit zwölf Jahren in Diensten des Eigners. Daher war es klar, daß er während der Bauzeit meist anwesend war. Die solide und komfortable Yacht, die ausschließlich privat genutzt wird, ist mit den allermodernsten elektronischen Geräten und Computersystemen ausgestattet. Nach ihrem Stapellauf im Herbst 1985 wurde sie nach Amerika gefahren, wo die Inneneinrichtung vervollständigt wurde.

Den Hauptsalon schmücken leuchtend grüne Wände, die mit Mahagonileisten abgesetzt sind, und eine weiße Decke. Die Sofas und Sessel sind in bunten Farben gepolstert. Alle Farben sind äußerst kühn. Blickfang im Salon ist ein Elefant, der hier neben anderen Sammlerstücken zur Dekoration beiträgt. Im Speisesalon steht für Weinkenner ein wohl sortiertes Angebot bereit.

Zu den Räumlichkeiten gehören noch zwei Kabinen für den Eigner und zwei Gästekabinen. Alle Kabinen sind mit aufeinander abgestimmten Bettüberwürfen, Farben und Tapeten eingerichtet. Auf dem Hauptdeck steht ein Spielzimmer für die Enkel bereit. Hier können sie sich abseits der Erwachsenen, oder auch die Erwachsenen abseits der Enkel, ungestört amüsieren.

Der Skipper, der mit der Yacht die Karibik bereist hat, ist sehr zufrieden mit ihr. Als nächstes ist eine Familienreise in den Pazifik geplant.

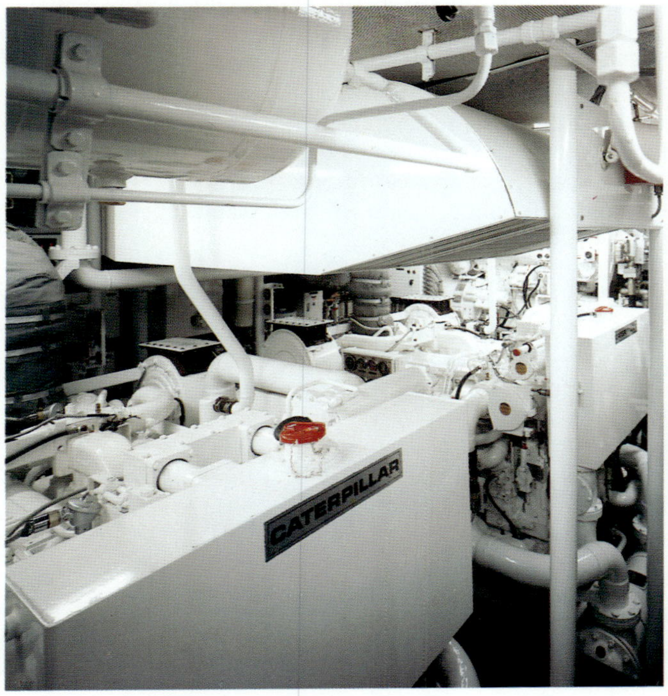


MIT FREUNDLICHER GENEHMIGUNG VON MR. HITACHI ZOSEN

**Typ:** Motoryacht
**LüA:** 36,99 Meter
**Breite:** 7,72 Meter
**Tiefgang:** 1,97 Meter
**Designer:** Jack B. Hargrave
**Bauwerft:** Hitachi Zosen Corporation, Japan (Kanagawa Works)
**Baujahr:** 1985
**Motorisierung:** Doppelmotoren Caterpillar 600 PS 3508 TA turbogeladene Diesel

# Bugs

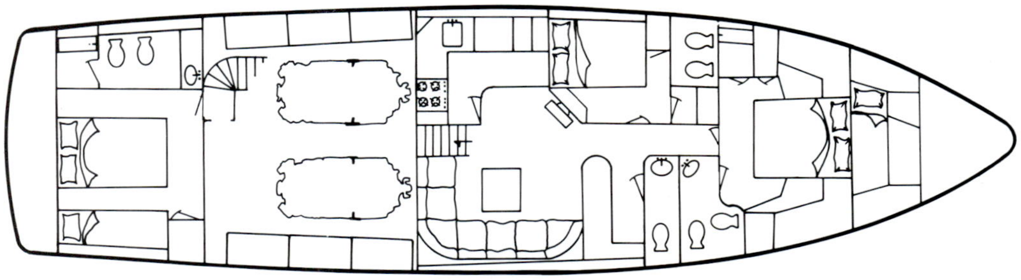

**Typ:** High Speed Motoryacht
**LüA:** 20 Meter
**LWL:** 19,3 Meter
**Breite:** 5,20 Meter
**Tiefgang:** 1,7 Meter
**Verdrängung:** 42 Tonnen
**Designer:** Aldo Chichero
**Bauwerft:** Mondomarine, Cunco, Italien
**Baujahr:** 1984
**Rumpfmaterial:** Fiberglas/Kevlar
**Motorisierung:** Isotta Fraschini, 1520 PS
**Tonnage:** 66,37 BRT

*Bugs*, eine sehr schnelle Motoryacht, wurde von Mondomarine in Italien gebaut. Sie ist eine Super-Luxus-Yacht mit allen technischen Raffinessen. Ihre Hauptaufgabe ist es, irgendwo hin in schnellstmöglicher Zeit zu gelangen.

Bugs entstammt der ›America-Serie‹ des Designers Aldo Chichero. Das Schiff ist 20 Meter lang, wiegt vollbeladen rund 40 Tonnen, und erreicht eine Spitzengeschwindigkeit von 40 Knoten. Der Decksraum kann völlig geöffnet und auch geschlossen werden. Ein einfaches Dach bietet Wetterschutz. Eine Windschutzscheibe, Seitenfenster und ein Überschlagbügel schützen den offenen Decksteil. Weichgepolsterte Schiebetüren verbinden die Räume. Eine Glaswand trennt den Steuerraum vom hinteren Teil ab. Zum Sonnenbaden lädt achtern eine große Liegefläche ein.

Das gesamte Deck, einschließlich der Sonnenpolster, ist silberfarben. Der Heckkorb erfüllt noch eine zweite Funktion. Er läßt sich an einer Seite öffnen und als Gangway herausdrehen.

Ein moderner, glatter Stil prägt die Inneneinrichtung. Hier dominiert die Farbe Silbergrau, die mit Rot abgesetzt wurde. Alle Einrichtungsgegenstände sind fest eingebaut, damit sie bei Höchstgeschwindigkeitsfahrten nicht beschädigt werden. Der Fernsehapparat ist in eine schlagunempfindliche, elastische Box eingebettet. So kann ihm eine rasante Fahrt von 35 bis 40 Knoten nichts anhaben. Auch die Kristallvase ist fest verankert, damit sie nicht abstürzen kann. Die Farbübereinstimmung ist allgegenwärtig. Selbst die Gaggia Espressomaschine ist silbern. Die Decke ziert ein Schwarm handgemalter Möwen, frei nach einem Motiv von Max Escher.

In der Eignerkabine ist die Decke ebenfalls handbemalt. Die Wände sind in Wellenlinien mit Leder bespannt. Alle Räume haben wasserdichte Schotten. In einem Notfall kann das Schiff über eine Fluchtluke in der Eignerkabine verlassen werden. Die komplett eingerichtete und kompakte Küche hält alles bereit, was man für einen längeren Trip braucht.

Bugs ist mit den modernsten Instrumenten ausgerüstet. Eingebaut sind: ein Farbradar FCR 1411 von Furuno mit Antikollissionsalarm, ein Loran Furuno LC 80, ein Furuno FE 606 Echolot mit Digitalanzeige, ein Autopilot mit ETC Kreiselkompaß und eine hydraulische Zweigang-Seiem Ruderanlage. Dieses stattliche Aufgebot an Instrumenten ist nahezu vollständig doppelt eingebaut, ein Tribut an die Sicherheit.

Bugs gehört dem selben Eigner wie die Yacht ›P'tit Louis‹, die ebenfalls in diesem Buch vorgestellt wird. Die Firma Navigator in Monte Carlo ist mit der Wartung der Yacht betraut.

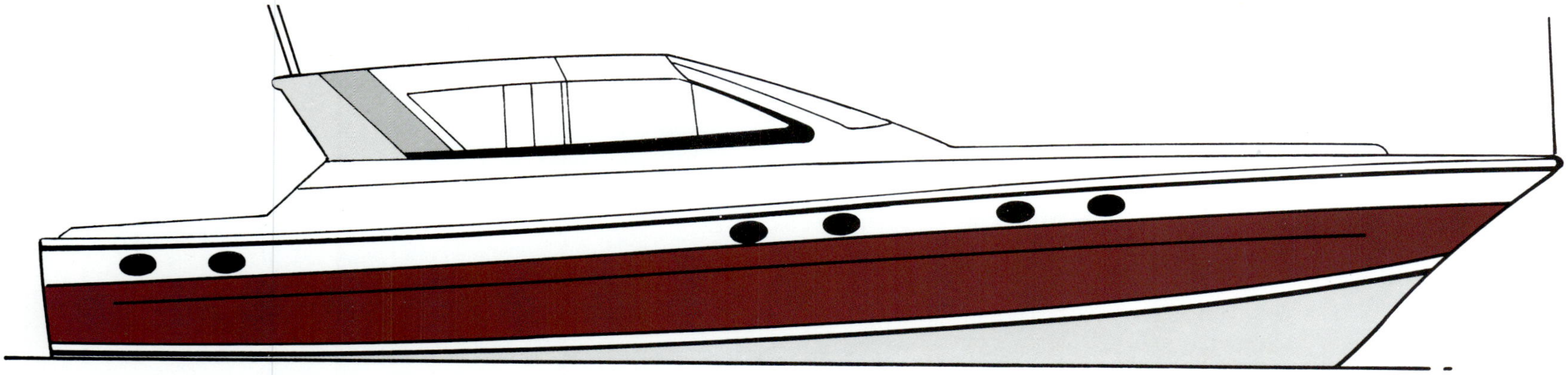

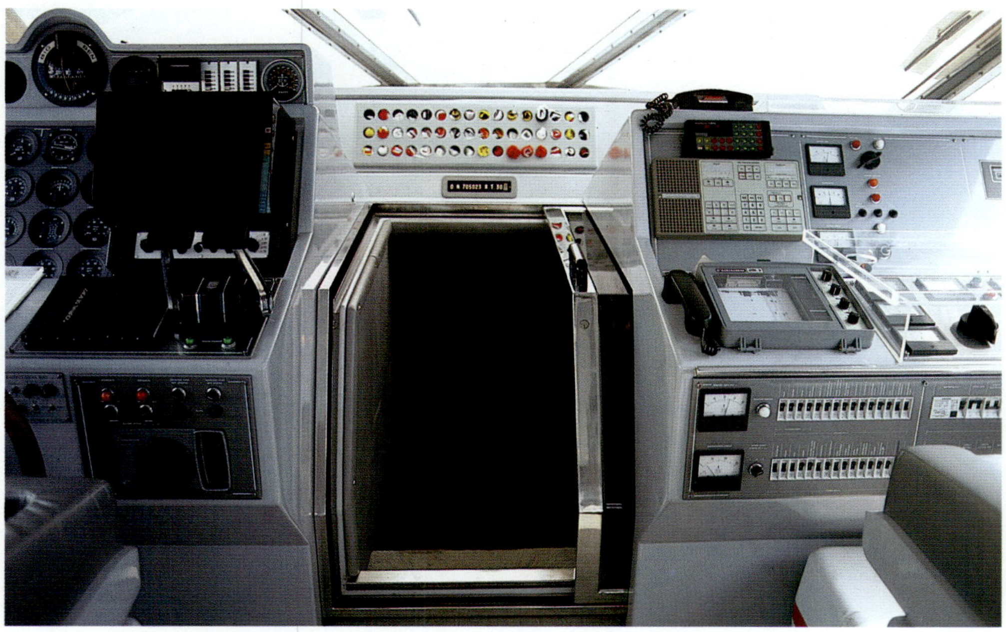

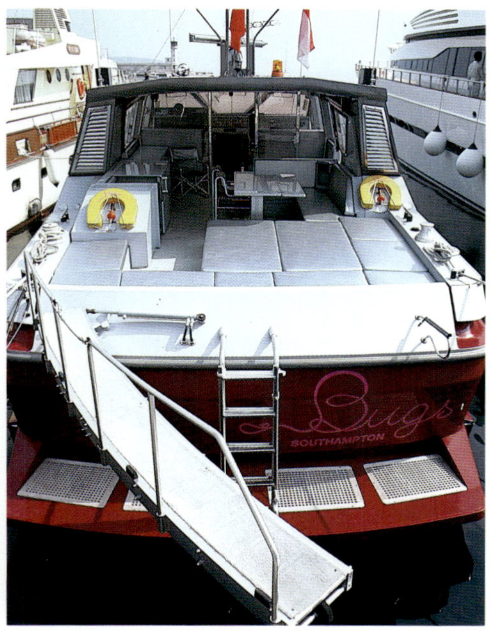
Bugs
SOUTHAMPTON

# Calliope

**Typ:** Motoryacht
**LüA:** 44 Meter
**Breite:** 8,78 Meter
**Tiefgang:** 2,5 Meter
**Verdrängung:** 325 BRT
**Rumpfmaterial:** Aluminium
**Motorisierung:** 2 × Caterpillar 3512 TA, je 1300 PS
**Bauwerft:** Hitachi Zosen, Japan
**Designer:** Hargrave
**Innen-Designer:** Pierre Tanter
**Baujahr:** 1986

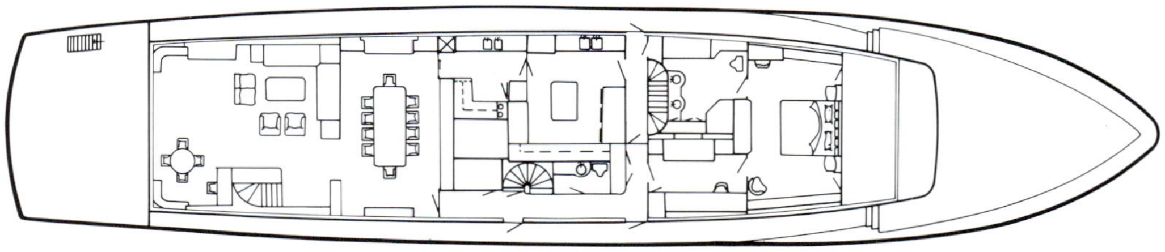

ROY MONTGOMERY

ROY MONTGOMERY

Calliope, eine 148 Fuß-Yacht aus Aluminium, wurde nach einem Hargrave-Entwurf bei der Hitachi Zosen-Werft in Japan gebaut. Sie gehört Edgar Kaiser jr. Schon als Zwölfjähriger hatte er aus einem Sperrholzbausatz sein eigenes Schiff gebaut und war mit ihm nach Alaska gesegelt.

Mr. Kaiser's Großvater, der berühmte Henry J. Kaiser, war in Seefahrerkreisen bestens bekannt durch seine Liberty-Schiffe. Während des Zweiten Weltkrieges hatte er Hunderte von ihnen verkauft. Er und sein Sohn bauten unter anderem Unlimited Hydroplanes, Höchstgeschwindigkeitsschiffe, die über 200 Meilen erreichen, und Segelkatamarane von mehr als 100 Fuß Länge. Schon seit drei Generationen bauen die Kaisers auch Familienkreuzer. In jede Yacht wird Bewährtes aus vorherigen Schiffen übernommen. Alles, was nicht funktionierte, wurde weggelassen. Technischem Fortschritt stehen die Kaisers aufgeschlossen gegenüber.

Edgar Kaiser jr. steuert seine Yachten selbst. Ohne Crew befuhr er die amerikanische Westküste und Alaska mit seiner früheren 78 Fuß Hargrave-Yacht, die auch schon Calliope hieß. Mit der neuen Calliope können die Kaisers weltweite Reisen unternehmen. Ihre bisher längste Reise ging von Tokio nach Honolulu.

Per Telefon und Telex via Satellit managt Mr. Kaiser seine weltweiten Geschäfte, unabhängig davon, wo er sich gerade aufhält. Kurzfristige Unterbrechungen einer Reise sind kein Problem, da Mr. Kaiser einen Privat-Jet besitzt, den er selbst fliegt.

Calliope's Inneneinrichtung wurde von Pierre Tanter entworfen. Sie ist modern, ohne Schnörkel und praxisgerecht. Der Hauptsalon ist mit japanischem Holz getäfelt. Ein außergewöhnlicher Kaffeetisch wurde speziell für die Calliope von Tanter entworfen. Unter einer Glasplatte zeigt eine Karte die beiden Hemisphären, die gekreuzten Flaggen mit Stander des Royal Vancouver Yachtclubs und die Signalflagge mit dem Buchstaben ›K‹.

ROY MONTGOMERY

ROY MONTGOMERY

Zu den Räumlichkeiten des Eigners auf dem vorderen Hauptdeck zählt ein Whirlpool-Bad, ein großer Ankleideraum und ein weiteres kleineres Zimmer. Vier Doppelbettkabinen stehen für acht Gäste bereit. Ein bordeigenes Fernsehsystem mit 19 Kanälen und drei Video Kassettenrekorder mit Stereoanlage sorgen für Unterhaltung.

Auf dem Deck lädt neben der Lounge ein geheiztes Schwimmbecken zum Baden ein. Zu der Sitzgruppe in der Lounge gehört ein ungewöhnlicher Couchtisch. Als Tischsockel dient ein antikes Karusselpferd, das zu einer Art Markenzeichen für einige der Kaiser-Yachten geworden ist.

Moderne Zweckmäßigkeit ist ein weiteres Markenzeichen. Die Calliope ist ein schönes Musterbeispiel dafür.

ROY MONTGOMERY

ROY MONTGOMERY

ROY MONTGOMERY

## *Anmerkungen des Designers*

Ich wurde in der Bretagne geboren. Wir Bretonen nennen diesen westlichen Teil Frankreichs ›das Ende der Welt‹. Die meisten Leute dort leben von der See. Mein Vater war Seemann, mein Großvater war Seemann, und auch ich interessierte mich für Schiffe jeglicher Art.

Nach dem Zweiten Weltkrieg begann ich meine Karriere als Designer in Cannes. Zu Beginn konzentrierte ich meine Arbeit auf Häuser und Appartements an der Côte d'Azur. Da Cannes ein reizvoller Ort für Yachten ist, lernte ich dort auch Yachteigner kennen und begann, Einrichtungen für Yachten zu entwerfen.

Gute Verbindungen mit Yachtbesitzern sind von größter Wichtigkeit. Die meisten meiner Kunden sind außergewöhnliche Menschen. Es fasziniert mich immer, mir ihre Ideen anzuhören und einen Weg zu finden, ihre Vorstellungen zu realisieren. Vier wichtige Grundsätze verliere ich dabei nie aus den Augen. Grundsatz eins: die Proportion. Die Größe und Höhe der Räume auf Schiffen ist völlig anders als in Häusern. Sie verlangen große Aufmerksamkeit. Mein zweiter Grundsatz sind die Farben. Ich benutze nie ›schwere‹ Farben, höchstens als Akzentfarbe. Auch hier ist der Geschmack des Eigners maßgebend. Ich versuche nie, ihm eine Farbe aufzudrängen, die ihm nicht gefällt. Mein dritter Punkt ist die Beleuchtung. Sie muß sehr gut ausgewogen sein. Und der letzte Punkt sind die Details, Dinge, die ins Auge fallen. In kleinen Details gebe ich mir sehr große Mühe, z.B. für besondere Ornamente aus Bronze, oder für Dinge, die etwas über die Persönlichkeit des Eigners aussagen. Darüber hinaus ist natürlich Komfort von allergrößter Wichtigkeit. Die Inneneinrichtung muß komfortabel sein, ohne daß die Proportionen verdorben werden.

Am meisten befriedigt mich bei meiner Arbeit der ›gute Geist‹ meines Teams, einschließlich des Konstrukteurs, der Werft und der Arbeiter. Wir alle sind jedesmal stolz auf unsre Yacht. Wir sind sehr bewegt, wenn das Schiff schließlich zu Wasser gelassen wird, war sie doch für viele Monate ein Teil unseres Lebens.

*Pierre Tanter*

# *Circus II*

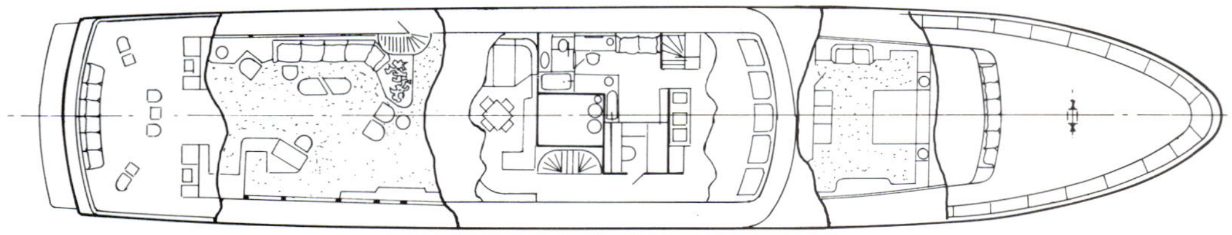

*Circus II* vereinigt in sich den traditionellen Schiffsbau der de Vries Werft in Holland, High Tech von H. W. Frits de Voogt und die auffallende, außergewöhnliche Innenausstattung der Amerikanerin Susan Puleo. Das Ergebnis ist spektakulär.

Gleich beim Betreten des Hauptsalons fühlt man sich umgeben von Raffinesse und Luxus, den eine Komposition aus Wohnlichkeit und Sachlichkeit auszeichnet. Gedämpftes Violett ist die dominierende Farbe. Die Polstermöbel sind mit lila- und rosafarbenem, lebhaft gemustertem Stoff bezogen. Farblich abgestimmte Seidenkissen liegen darauf verteilt. Der eigens für dieses Schiff entworfene Teppich reicht von Wand zu Wand. Er ist cremefarben und wiederholt in zarten Streifen die Farben der Polstermöbel. Spiegel, Glas und Acrylglas stehen dazu im Kontrast.

Der Eßtisch ist ein Entwurf von Susan Puleo. Die schimmernde Art Deco Tischplatte wurde in 16 Schichten sandgestrahlt und in einen hellen Rahmen eingelegt. Geschliffenes Glas erscheint in vielfältigen Formen. Susan kreierte einen Kunstglaszylinder, der vom Boden bis zur Decke reicht. Auf einem inneren Podest stehen zwei mundgeblasene, gebogene Glasfiguren. Hinter dem Eßtisch, über dem Bufett, hängt ein Schmuckrelief, auf dem eine Gans abgebildet ist. Es besteht aus fünf Schichten. Die Gans wurde kunstvoll sandgestrahlt, wodurch sie bis hin zu der feinen Zeichnung ihrer Federn matt schimmert. Kunstvoll geformte Glaszylinder beleuchten das Milchglasrelief. Im Bufett verbirgt sich ein Flambierwagen.

Susan gibt sich für jedes Detail die größte Mühe. Sie wählt sämtliche Materialien, Farben und Gegenstände selbst aus. Sogar die Scharniere für den Fernsehapparat, der elektrisch aus der Versenkung gehoben werden kann, wurden von ihr ausgesucht. Große Sorgfalt verwandte sie bei der Auswahl der Hölzer. Die Zierleisten, Türen und Holzverkleidungen sind entweder aus kanadischer Ulme oder heller Esche. Jede Planke des Schiffes ist handverlesen. Nur die Planken, die in der Maserung genau zusammenpassen, fanden ihre Zustimmung. Die Hölzer wurden von Zimmerleuten so zusammengesetzt, daß keine Fugen sichtbar sind.

Den Eignern stehen zwei elegante Kabinen zur Verfügung, in denen man von den Unbillen einer Seereise nichts spüren kann. Alle Gegenstände aus Metall sind vergoldet. Nur im Steuerhaus wurde Messing verwendet. Eine Kabine trägt die Bezeichnung ›Wieder im Traumland‹. Die Wand über dem Kopfteil des Bettes besteht aus Spiegelelementen, in denen sich Wolken, Wellen und Vögel spiegeln. Den Bettüberwurf und die Vorhänge zieren geschwungene Wolkenmuster. Über dem Bett macht sich ein ausgestopfter Clown breit, der an den Schiffsnamen erinnert. Die zweite Eignerkabine wurde treffenderweise ›Eispalast‹ benannt. Im Unterdeck steht am Fuß der Treppe eine schimmernde Glasskulptur. Dahinter liegt ein Raum, in dessen Mittelpunkt ein imposantes Bett steht. Seine vier Bettpfosten sind aus beleuchtetem Fiberglas. Die Farbgebung ist dramatisch.

Eine spezielle Mischung aus Kobalt, Silber und Blau sorgt für die Atmosphäre des Raumes. Zu dem schillernden, schwarzen Bettüberwurf und den schwarzen Vorhängen stehen die Farben Fuchsia und Flieder in Kontrast. Mehrere ausgefallene Uhren schmücken den Raum, unter anderen die Replika einer Uhr aus dem Museum of Modern Art. Der Schreibtisch ist mit Reptilienleder überzogen, die Tischlampen sind signiert und numeriert. Das Badezimmer des Eigners an Deck ist nicht weniger originell wie die anderen Einrichtungen an Bord. Es ist mit blauem Marmor und goldenen Armaturen ausgestattet.

In der Lounge an Deck steht ein Spieltisch aus rostfreiem Stahl mit sandgestrahlter Tischplatte. Die Spieler können auf zusammenklappbaren Lederstühlen Platz nehmen. Bequemlichkeit bietet ein komfortables Sofa, das mit gesteppten Kissen aus indischer Baumwolle bedeckt ist.

Das Steuerhaus ziert eine grün-goldene, ledergepolsterte Brücke. Messing und Gold setzen hier Akzente. Der Steuersessel ist aus rostfreiem Stahl und mit Leder bezogen. Beleuchtungskörper, Kunstgegenstände, handgearbeitete Fliesen, chinesische Teppiche, mundgeblasenes Glas aus Deutschland, eine Lithographie aus Spanien – die Liebe zum Detail ist atemberaubend. Susan Puleo konnte hier ihrer unerschöpflichen Phantasie freien Lauf lassen.

**Typ:** Motoryacht
**LüA:** 42,37 Meter
**LWL:** 37,8 Meter
**Breite:** 8,33 Meter
**Tiefgang:** 4,26 Meter
**Verdrängung:** 348 Tonnen
**Bauwerft:** De Vries, Aalsmeer, Holland, Feadship
**Konstrukteur:** H. W. Frits de Voogt
**Innen-Designer:** Susan Puleo
**Baujahr:** 1983
**Motorisierung:** Caterpillar Modell D 379 TA, 625 PS bei 1225 U/min
**Tankvolumen:** 46 700 Liter
**Frischwasservolumen:** 17 580 Liter
**Reisegeschwindigkeit:** 12,5 Knoten
**Max.-Geschwindigkeit:** 13,5 Knoten

MICHAEL DeCOULOS

CE ES VAN DER MEULER

FLIP AND DEBRA SCHULKE

## Anmerkungen des Designers

Die Seefahrt, das umfaßt für mich die ganze Romantik des Meeres, die schon so lange die Menschen lockt und fasziniert. Durch meine Ausbildung in Kunst und Architektur lernte ich, meine Arbeit als umfassenden und in sich geschlossenen Prozeß zu betrachten. Jedes neue Projekt wirft neue Fragen auf, und jedes Ergebnis ist anders. Die Raumplanung ist eine dreidimensionale Aufgabe. Ich möchte das Funktionelle mit der reinen Ästhetik von Luxus und Schönheit in Einklang bringen. Diese Faktoren müssen wie bei einem Geduldsspiel gegeneinander abgewogen werden. So entsteht die Ausgewogenheit und harmonische Proportion in den Linien, nach der man sucht: ein interessanter Prozeß, der die Gesamtrichtung diktiert.

Selbst die kleinsten Details sind genau durchdacht und müssen in bester Handwerksarbeit ausgeführt werden. So erhält das Schiff eine starke Wirkung von Innen heraus. Es ist wie bei einem guten Gemälde: bei genauer Betrachtung wird es immer besser.

Ein erstes Gespräch gibt mir ein Gefühl dafür, was die Yacht dem Kunden bedeutet, und wie er sie nutzen will. Dieses Wissen dient mir als Grundlage für Vorschläge, mit denen ich die Vorstellungen des Kunden erweitere und zur vollen Entwicklung bringe. Gedanklich wälze ich tausend Ideen und Vorstellungen, die ich viele Male wieder verwerfe und umgruppiere, bevor ich sie das erste Mal zu Papier bringe. Mit dieser Gesamtidee meines Entwurfs führe ich den Kunden von Rumpfform und Decksprofil über Raumplanung und Innenaufteilung bis hin zur Möblierung. Selbst Briefpapier und Porzellan bleiben nicht dem Zufall überlassen.

Ich betrachte meine Tätigkeit als Designerin nicht nur als Beruf. Sie ist für mich eine fortwährende Weiterentwicklung.

Ich versuche ›niemals nie‹ zu sagen. Der Wunsch eines Kunden ist die Weiterführung seines Traumes – ist seine Phantasie.

*Susan Puleo*

FLIP AND DEBRA SCHULKE

# Compass Rose

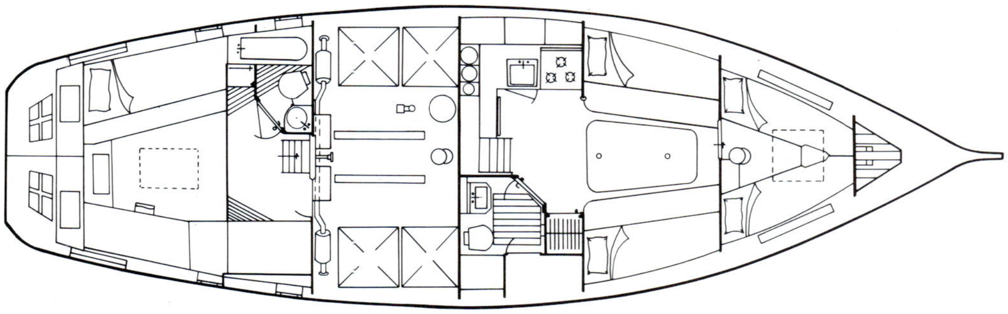

*Compass Rose* ist in Bowens Wharf in Newport, R.I., ihrem Liegeplatz, eine berühmte Sehenswürdigkeit. Ursprünglich trug der prächtige Nova Scottia Topsail Schoner ein Brigantine-Rigg. Obwohl ihr Äußeres an ein Piratenschiff erinnert, wurde sie erst 1970 fertiggebaut. Ihr charakteristisches Aussehen brachte der Compass Rose schon einige Hauptrollen in Filmen ein, sowie einen Teilnehmerplatz bei der Windjammer-Parade.

Ihr Eigner, der Neu Engländer Bob Entin, fühlt sich mit seiner Yacht sehr eng verbunden. Er spricht von ›ihr‹, als wäre sie ein menschliches Wesen. Er sagt, daß sein Schiff eine Persönlichkeit sei: heißblütig, liebevoll, romantisch und ein Filmstar. In einem Dreidimensional-Film, der für das St. Augustine Marineland gedreht wurde, spielte sie eine Rolle. Eine deutsche Filmgesellschaft produzierte ebenfalls einen Film mit ihr. In diesem Film mußte das Schiff in der Biscaya mit zwölf Kindern an Bord segeln. Eine Crew durfte dabei nicht zu sehen sein. Entin mußte sich dabei ganz auf seine elektronischen Geräte verlassen, was ihn sehr nervös machte. Keiner, außer dem deutschen Kameraschiff, durfte Anweisungen erteilen.

Das Schiff wurde von Mimi Thygesen bei der Nova Scottia Werft in Auftrag gegeben. Die Bauzeit dauerte zwei Jahre. Es wurde an den jetzt verstorbenen Herb Shriner verkauft. 1975 kaufte es Mr. Entin. Er sagt: »Die Yacht stellt eine Lebenseinstellung dar, ein Kunstwerk, eine Schöpfung.«

Mr. Entin mag heimelige Schiffe, und seines strahlt diese heimelige, intime Atmosphäre aus. Die Hauptkabine ist mit kostbarem Mahagoni getäfelt. In den Bücherregalen stehen ledergebundene Bücher, an den Wänden hängen beleuchtete Ölgemälde. Die Polster sind mit gobelinartigem Stoff bezogen, die weiche Beleuchtung schafft Behaglichkeit. Die Achterkajüte bekommt Tageslicht durch Oberlichter, die sich um das Heck ziehen. Ein ausklappbarer Tisch dient der Navigationsarbeit, eine beeindruckende Ausstattung von elektronischen Geräten steht dem Skipper zur Verfügung.

Jeden Winter reist die Compass Rose von Newport, R.I., nach Florida. Im Sommer 1986 war sie mit anderen Großseglern dabei, als der Geburtstag der Freiheitsstatue gefeiert wurde.

PALM BEACH LIFE MAGAZINE

COMPLIMENTS OF BOB ENTIN

**Typ:** Topsegel Schoner
**LüA:** 18,29 Meter
**LWL:** 13,10 Meter
**Breite:** 4,2 Meter
**Tiefgang:** 1,82 Meter
**Baujahr:** 1969
**Rumpfmaterial:** Holz
**Bauwerft:** Nova Scotia

PALM BEACH LIFE MAGAZINE

PALM BEACH LIFE MAGAZINE

PALM BEACH LIFE MAGAZINE

# Delfino

**Typ:** Motoryacht
**LüA:** 39,63 Meter
**Breite:** 7,31 Meter
**Tiefgang:** 3,04 Meter
**Designer:** Arthur DeFever
**Innen-Designer:** Susan Puleo
**Bauwerft:** Maritima De Axpe, Spanien
**Baujahr:** 1971
**Rumpfmaterial:** Stahl
**Motorisierung:** 2 U25 hp Caterpillar D-353 Diesel
**Reisegeschwindigkeit:** 10 Knoten
**Max.-Geschwindigkeit:** 12 Knoten

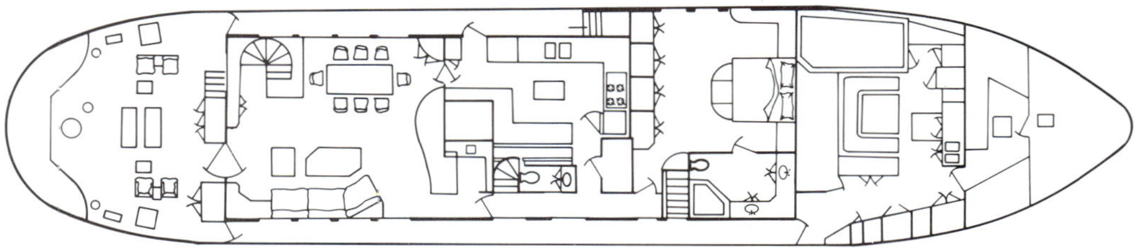

MICHAEL DeCOULOS

MICHAEL DeCOULOS

*D*elfino II ist ein Entwurf von Arthur Lefever. Die seetüchtige Motoryacht ist so konzipiert, daß ein autarkes Leben an Bord möglich ist während Reisen bis zu sechs Monaten und 12000 Meilen. 1971 wurde die Yacht gebaut und erst vor kurzem, nach einer zweijährigen Überholung, wieder in Dienst gestellt. Die gesamte Mechanik, einschließlich Motoren, Generatoren, aller Rohre und der Verkabelung wurde überholt oder neu eingebaut. Susan Puleo gestaltete die Inneneinrichtung vollständig neu.

Der Hauptsalon und der Eßbereich ist im Art Deco Stil eingerichtet. Fein nuanciertes Fuchsia und Flieder steht zur dominierenden Farbe Silbergrau in Kontrast. Der eigens gefertigte Teppich ist farblich zur Einrichtung abgestimmt. Über den Niedergang an Steuerbord gelangt man an eine Bar, die komplett mit einer übergroßen Eismaschine, einem Spülbecken, Getränkeregalen und Schränken eingerichtet ist. Die Theke und die Servierfläche sind mit blauem Granit verkleidet. Gedämpftes Licht, das von einer verspiegelten Beleuchtung an der Decke ausgeht, beleuchtet die Bar. Die eingebauten Möbel im Salon sind metallic-grau gestrichen.

Den Fuß des Eßtisches aus Glas und Edelstahl zieren eingravierte Delphine. Handgearbeitete Ledersessel umgeben diesen Tisch. Auserwählte Überraschungen sind in dieses High Tech Art Decor integriert, wie zum Beispiel eine antike Reliefschnitzerei aus China und ein Paar zweihundert Jahre alte Säulen eines Thai Tempels. Weitere chinesische Kunstgegenstände wie Wandgemälde, Schnitzereien, Wandschirme und seidene Wandteppiche schmücken kontrastvoll die Schiffsgänge und die anderen Räume.

Das Schiff beherbergt fünf Doppelkabinen. Die vier Gästekabinen liegen im unteren Decksbereich. Zwei der Gästekabinen können zu einer großen Suite vereinigt werden, da sich die schalldichten Türen entfernen lassen. Im gesamten Schiff bildet der Überfluß an Farben und elegantem Stil eine Einheit. Die Räumlichkeiten des Eigners befinden sich vor dem Hauptsalon auf dem Hauptdeck. Die weiträumige Suite wirkt durch das verspiegelte Schott noch größer. Hinter den Spiegeln öffnen sich vier Kabinetts, drei dieser Räume sind mit Zedernholz verkleidet. Der größte dieser Räume ist ein komplett ausgestattetes Unterhaltungs-Center. Das Kopfteil des Bettes ist in Art Deco mit handgefärbtem, fuchsiafarbenem Ziegenleder gestaltet. Am Fußende des Bettes stehen zwei seidene Ottomanen, zwischen ihnen ein Tisch, der hydraulisch gehoben oder abgesenkt werden kann. Die Wand hinter dem Bett schmückt eine schillernde Tapete, die mit gravierten Glasflächen bedeckt ist. Im Badezimmer des Eigners sind die Wände mit fuchsia- und fliederfarbenen Kacheln belegt, die eigens für diesen Raum eingefärbt wurden. Die Beckenablage ist aus Carrara Marmor, die Frisiertoilette ziert eine strukturierte Silberoberfläche, alle Armaturen sind aus 24karätigem Gold. Nicht nur die Armaturen in Delphinform, auch die Zahnbürstenhalter sind aus Gold. Ebenso beeindruckend ist die mit schwarzem Leder und Chrom gestaltete Brücke. Die Gas- und Getriebehebel am Steuerpult aus Kunstglas zeigen eigenwillige Formen.

Die Delphino ist vollständig ausgestattet und bietet alles, was der Unterhaltung, komfortablem Wohnen und dem Vergnügen dient. Drei Boston Whaler Kunststoffboote, ein Zodiac Schlauchboot und nicht zuletzt ein Bell Jet Ranger III Hubschrauber garantieren eine bequeme An- und Abreise.

MICHAEL DeCOULOS

MICHAEL DeCOULOS

# Dreamboat

**Typ:** Motoryacht
**LüA:** 25,6 Meter
**Breite:** 5,79 Meter
**Tiefgang:** 1,36 Meter
**Bauwerft:** Trumpy Boatyard, Annapolis, Md.
**Rumpfmaterial:** Holz
**Motorisierung:** 2 × 1271 N Detroit Diesel
**Baujahr:** 1962

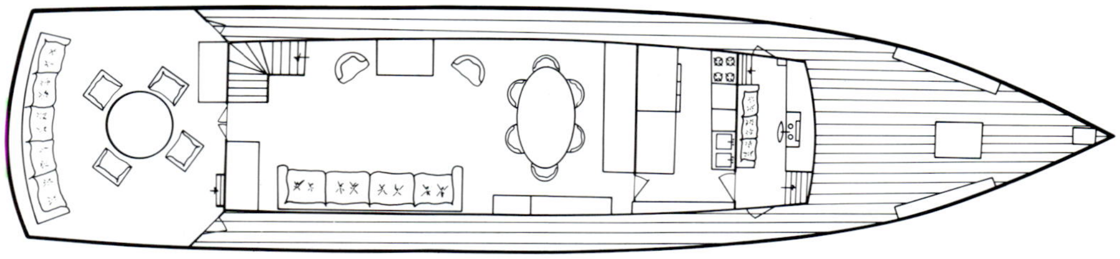

BLUMFIELD PHOTOGRAPHY

BLUMFIELD PHOTOGRAPHY

BLUMFIELD PHOTOGRAPHY

BLUMFIELD PHOTOGRAPHY

*Dreamboat* wurde 1962 bei der Trumpy Schiffswerft in Annapolis, Maryland, für John Kimberley von Kimberley-Clark gebaut. Die Yacht, die ursprünglich ›Eskimo‹ hieß, sollte in erster Linie schnell sein. Es wird behauptet, daß sie sogar schon Wasserskifahrer hinter sich hergezogen hat. Nach Kimberley war die Yacht im Besitz von Louis Wolfson von Wometco Enterprises, danach gehörte sie Bernie Little von Anheuser Busch und später Frank Loving. Frank Loving, der Sammler von alten Schiffen ist, verkaufte schließlich die Trumpy an den gegenwärtigen Besitzer, Spencer Boat Co. So häufig wie seine Eigner wechselte das Schiff auch seinen Namen.

Ed Bronstien jr., Präsident der Spencer Boat Co. in West Palm Beach, Florida, hatte sich etwas besonderes vorgenommen. Zusammen mit seinem Sohn Jim restaurierte er die in die Jahre gekommene Trumpy. In seiner Firma werden Yachten jeden Typs gewartet, restauriert und repariert. Ganz besondere Mühe gaben sich die Bronstiens, um aus der Dreamboat ihr ›Showboat‹ zu machen.

Michael Parenti von der Firma Omni Interiors in North Palm Beach hatte den Entwurf und die Ausführung der Innenrenovierung übernommen. Ziel war es, das Schiff so originalgetreu als möglich wieder herzustellen. Überstrichenes Holz wurde abgezogen und farblos lackiert. Der Parkettboden und die Möblierung wurden ebenfalls in den Originalzustand gebracht. Der Hauptsalon ist von großen Fenstern umgeben. Das geschützte Achterdeck gleicht einem Wohnraum, in dem man im Freien sitzen kann. Im hinteren Bereich des Schiffes befinden sich drei Kabinen mit Toiletten. Da in dem schmalen Rumpf nicht viel Platz für Schlafplätze ist, entfernte die Firma Spencer alle Kojen, um mehr Raum zu gewinnen. Die Benzin- und Wassertanks wurden vergrößert, so ist es möglich, mit einem Benzinvolumen von 7500 Litern 1000 Meilen weit zu fahren.

Das Schiff wird als Partyschiff verwendet. Eine Gesellschaft von hundert Gästen an Bord ist nicht ungewöhnlich. Die Dreamboat führte im Dezember 1985 die jährlich stattfindende Weihnachtsparade in Palm Beach und Fort Lauderdale an. Inmitten der supermodernen und futuristisch aussehenden neuen Yachten zog die alte Trumpy immer noch alle Blicke auf sich.

# *Empress Subaru*

**Typ:** Flybridge Motoryacht mit doppeltem Steuerstand
**LüA:** 47 Meter
**LWL:** 42,7 Meter
**Breite:** 7,6 Meter
**Tiefgang:** 3,7 Meter
**Bauwerft:** C. R. N., Ancona, Italien
**Baujahr:** 1979–1982
**Rumpfmaterial:** Stahl
**Motorisierung:** MTU Doppelmotoren, je 2250 PS
**Reisegeschwindigkeit:** 14 Knoten bei 1100 U/min

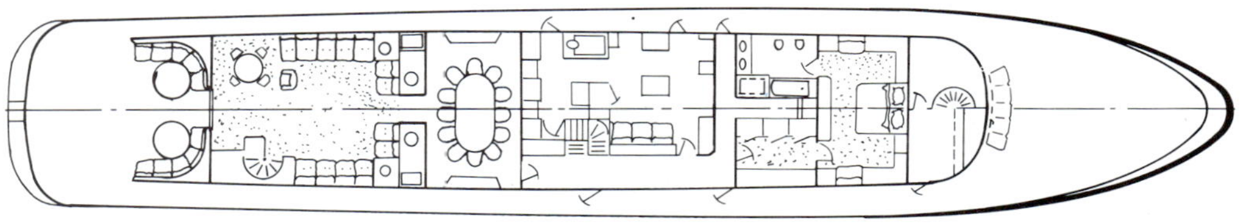

LAFLECHE PHOTO

J. J. L'HERITIER

*Empress Subaru* gehört der Subaru-Generalvertretung in New York. So ist es nur natürlich, daß auf dem Achterdeck ein Subaru Wagen steht. Ein Boston Whaler Beiboot und ein Bell Jet Ranger Hubschrauber leisten dem Fahrzeug Gesellschaft. Auf dem vorderen Brückenteil befindet sich das Steuerhaus. Eine Mittelkonsole beherbergt die komplette Elektronik. An Steuerbord und Backbord stehen ledergepolsterte Doppelsessel.

Ein Funkraum und das Schiffsbüro mit der Kapitänskabine liegen gegenüber. Im hinteren Teil des Schiffes ist ein kombinierter Büro-/Gesellschaftsraum mit Bar und Toiletten. Rauchglastüren führen hinaus auf das Deck.

Auf dem vordersten Hauptdeck wurden die Räume des Schiffseigners eingebaut. Durch die zahlreichen Bullaugen kommt viel Licht in die Kabine. In der Mitte des Raumes thront ein King Size Bett, dessen Teakholzrahmen sehr schön mit den Holzwänden harmoniert. An der Backbordseite liegt ein komplett ausgestattetes Bad mit Badewanne, Dusche, Doppelwaschbecken, Bidet und WC. Über einen Durchgang an Steuerbord erreicht man einen Ankleideraum, das Deck und einen Wohnraum. Hier befindet sich auch die schöne und praktische Küche. Für die Bewirtung der vielen Gesellschaften an Bord kann hier der Küchenchef seinem Einfallsreichtum freien Lauf lassen. Im Eßbereich sind acht Personen gut untergebracht. Der Hauptsalon, mit pfirsichfarbenen Seidensofas ausgestattet, bietet mindestens 15 Personen komfortable Plätze. Die Längswände sind mit schönen Holzfensterläden verkleidet. Ausgesuchte Kunstgegenstände schmücken den Raum. Auf dieser Yacht ist nichts übertrieben, alle Räume sind edel und stilvoll eingerichtet. Im hinteren Teil des Hauptdecks liegen zwei runde, ineinander übergehende Gesellschaftsräume, die mit Tischen auf runden Sockeln möbliert sind. Sowohl in den Innenräumen als auch im Freien laden mehrere kleine Sitzgruppen zum Plaudern ein.

Die Mannschaftsräume und die Gästezimmer sind im unteren Deck untergebracht. Zum größten Gästezimmer gehört ein Doppelbett, ein Badezimmer und eine Sauna. Die Gästezimmer sind alle für zwei Personen mit Doppelbetten und Bädern ausgestattet. Hinter diesen Räumen liegt der Maschinenraum, und hinter diesem Maschinenraum sind noch mehr Gästezimmer. Die Yacht bietet zwölf Schlafplätze für den Eigner und seine Gäste und elf Mannschaftskojen.

Die Empress Subaru gleicht in ihrer Ausstattung vielen der großen Segelyachten, mit viel Holz, abgerundeten Kanten und Sinn für funktionelle Ästhetik.

J. J. L'HERITIER

J. J. L'HERITIER

J. J. L'HERITIER

J. J. L'HERITIER

J. J. L'HERITIER

J. J. L'HERITIER

# Felicita

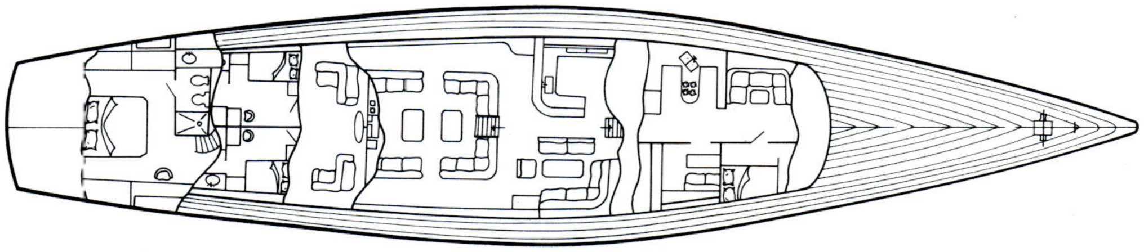

**Typ:** Segelyacht
**Länge:** 39 Meter
**LWL:** 28 Meter
**Breite:** 7,6 Meter
**Tiefgang:** von 2,30 Meter bis 5,83 Meter, je nach Schwertposition
**Verdrängung:** 200 Tonnen
**Bauwerft:** Perini Navi, Viareggio, Italien
**Designer:** Dick Carter
**Rumpfmaterial:** Stahl
**Motorisierung:** 2 GM 8 V 71 mit je 350 PS
**Segelfläche:** 550 Quadratmeter

*Felicita* ist die Verwirklichung einer grundlegend neuen Yachtbauweise. Das Schiff, ein Entwurf von Dick Carter, wurde von Perini Navi in Viareggio, Italien, gebaut. Der Unternehmer, Schiffsbaumeister und Erfinder Fabio Perini hat der Felicita seine persönliche Note gegeben. Die Yacht verbindet Komfort, Geschwindigkeit und Technologie einer Motoryacht mit der Schönheit, Lebendigkeit und Faszination eines Segelschiffes. Der Hubkiel bewährt sich nicht nur in Häfen und seichten Gewässern; er kann für besseres Aufkreuzen hoch am Wind abgesenkt, und bei achterlichen Winden hochgezogen werden. Das Rigg ist unkonventionell. Die Segel werden ohne Baum gefahren und elektronisch bedient. Da nahezu alle Arbeiten vom Steuerhaus aus elektronisch ausgeführt werden können, ist es möglich, diese 120 Fuß Yacht sicher und schnell mit nur zwei oder drei Mann Besatzung zu steuern. Das Schiff ist mit einem neuartigen Selbstreffsystem ausgerüstet, mit dem die Segelfläche während der Fahrt ohne großen Aufwand zu verkleinern ist. Doppelrollfocks ergänzen die perfekte Segelausrüstung. Das außergewöhnliche Deckshaus beeindruckt mit seinen innen- und außenliegenden Schalttafeln. Dieses Deckshaus und das kleine Sonnendeck geben dem Schiff das moderne Aussehen. Der Rumpf endet in einem traditionellen Heck mit deutlichem Überhang und ist wohl proportioniert.

Die gesamte Ausstattung ist schick, elegant und ziemlich unkonventionell. Über dem Hauptdeck befindet sich achtern ein großer, ins Freie zu öffnender Salon. Er ist mit einer Couch in U-Form und einem Eßtisch möbliert. Der Hauptsalon ist weiträumig und mit einem prachtvollen dunkelbraunen Leder ausgestattet. Die Ledercouch, die sich endlos auszudehnen scheint, ist von zwei Tischen umgeben, an denen rund 30 Personen Platz nehmen können.

Vor dem Hauptsalon ist an Steuerbord eine Eßnische eingebaut, gegenüber an Backbord steht eine Serviertheke.

Interessant ist der Kühlschrank aus Edelstahl. In seinen Edelstahlfächern stehen die Flaschen versenkt, damit sie beim Öffnen nicht herausfallen können. Die mundgeblasenen, signierten Gläser sind in einem gekühlten Schrank untergebracht. Zu dieser Anrichte gehört noch ein Wasserbecken, eine Eis- und eine Espressomaschine. Die rundum laufenden Fenster gewähren freien Blick nach Außen.

Unter Deck sind die Schlafquartiere in drei getrennte Bereiche aufgeteilt. Jeder Bereich hat einen separaten Eingang. Die achtern liegenden Räumlichkeiten des Eigners erstrecken sich über die gesamte Schiffsbreite. Hier steht ein King Size Bett bereit, ein Badezimmer und ein kleines Büro. Im mittleren Schiffsteil liegen vier Gästekabinen, jede mit eigenem Badezimmer. Zwei der Gästekabinen sind mit Einzelbetten und zwei mit Doppelbetten möbliert. Die

Wand zwischen den beiden Doppelkabinen kann versenkt werden, so daß bei Bedarf eine große Suite entsteht. In jeder Kabine ist eine Stereoanlage, ein Fernsehgerät und ein Video-Kassettenrekorder installiert. Die Kombüse mit Vorratsraum, sowie die Räume des Skippers und der Crew, liegen im Vorschiff. Für die Crew der Felicita steht ein besonders schöner, geräumiger Eßraum mit ledergepolsterten Sitzplätzen und eigenem Unterhaltungs-Center zur Verfügung. Der Funkraum mit komfortablem Schreibtisch und Couchecke ist mit der neuesten Navigationsausrüstung bestückt.

In der außergewöhnlich gut durchdachten Kombüse steht der Herd in der Mitte, umgeben von großzügig proportionierten Arbeitsflächen. Der Kühlschrank hat Schubladen aus Edelstahl, in denen die verschiedenen Lebensmittel in der jeweils richtigen Temperatur gelagert werden. Dank der Schubladen muß außerdem nicht immer der gesamte Kühlschrank geöffnet werden, wenn etwas herausgenommen wird. Die besonders gute Durchlüftung der Küche unterstützt ein angenehmes Arbeiten.

Die Felicita ist für komfortables und schnelles Reisen entworfen. Mit diesem Rund-um-die-Welt-Cruiser hat es der in Viareggio ansässige Perini Navi geschafft, Eintritt in den exclusiven, schillernden Club großer Schiffsbauer zu finden.

# Golden Eagle

*Golden Eagle,* ein Regatta-Cruiser, wurde bei Sparkman & Stephens für den Rennsegler gebaut, der nie wieder in eine enge, ungemütliche Rohr-Koje kriechen möchte. Ihre Rasse und Leistungsfähigkeit hat die Yacht durch Siege über hochkarätige Grand Prix IOR-Rennyachten bewiesen. Die Decksaufbauten sind zweckmäßig und gut durchdacht, die Ausrüstung von bester Qualität: selbstholende Barient-Winschen, Beschläge von Harken, das Rigg von Sparcraft und Doyle-Regattasegel. Unter Deck bietet sich ein gemütlicher, hübsch eingerichteter Wohnraum an.

Die Seitenwände und der Eßtisch sind aus gemasertem Ahornholz gearbeitet. Rote Samtpolster geben dem Raum ein elegantes Aussehen und bieten den Rennseglern nach einem harten Arbeitstag Gemütlichkeit. Eine große Doppelkabine mit Toilettenraum achtern, eine Doppelkabine im Vorschiff, drei Kojen im Hauptsalon und eine Einzelkoje ganz vorne im Bug stehen als Schlafgelegenheiten zur Verfügung.

Einmal genossen, wollen die Rennsegler auf solchen Komfort nicht mehr verzichten.

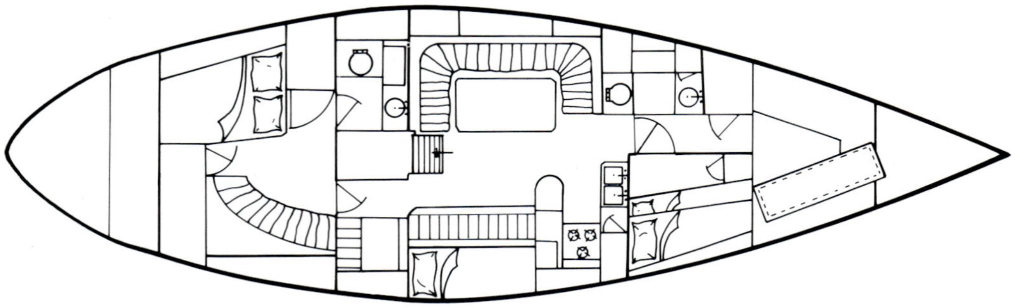

RANDY O'ROURKE

RANDY O'ROURKE

RANDY O'ROURKE

**Typ:** Offshore Rennboot/Cruiser
**LüA:** 15,85 Meter
**LWL:** 12,8 Meter
**Breite:** 4,72 Meter
**Tiefgang:** 2,75 Meter
**Designer:** Sparkman & Stephens
**Bauwerft:** Eric Goetz Custom Sailboats
**Motorisierung:** 70 PS Westerbeke Diesel
**Reisegeschwindigkeit:** 7,5 Knoten
**Baujahr:** 1983
**Rumpfmaterial:** Holz mit Nomexkern

RANDY O'ROURKE

# Gran-Mudder

*Gran-Mudder* ist ein charakteristisches Schiff aus der Mei-Werft in Yokaichi, Japan, das 1980 gebaut wurde. Der erste Besitzer war ein arabischer Scheich. Von ihm erwarben Mr. und Mrs. John Mecom das Schiff und ließen es 1983 in Zusammenarbeit mit dem italienischen Designer Giorgio Vafiadis gründlich umbauen. Es entstanden großzügige Räume, die für die umfangreiche Kunstsammlung der Mecoms der geeignete Rahmen sind. Kennzeichnend für den Einrichtungsstil ist das Art Deco: Edgar Brand und Tiffany-Lampen, Tische, Skulpturen und Wandverkleidungen.

Der große Hauptsalon dient als Gesellschaftsraum und erstreckt sich über die volle Schiffsbreite. Zwei separate Sitzgruppen mit handgearbeiteten Sofas aus Leder und feinstem Wildleder bieten Sitz-Gelegenheit für kleinere Gesprächsrunden. Der plüschweiche, weiße Teppich und weiches Leder harmonieren vorzüglich mit dem hochglanzpolierten, gemaserten Holz. Unsichtbare Neonlampen, die in die Decke eingelassen sind, lassen den Raum höher erscheinen. Die Decke ist mit grauem Wildleder bespannt.

Die großen Fenster ringsum bieten freie Aussicht. Das Schaustück im Hauptsalon ist die halbrunde Bar, die mit Alligator-Leder bezogen ist.

Ein kurzer Durchgang verbindet den Hauptsalon mit dem Eßzimmer. Eine Wand aus Rauchglas schirmt die Außenwelt schemenhaft ab. Wenn die See mal etwas ruppig werden sollte, finden die Passagiere festen Halt an einem soliden, schwarzen Handlauf mit Perlmuttauflage.

Die Lampen im Speisezimmer sind in die schwarz lackierte Decke versenkt und betonen das besondere Art Deco Design. In der Mitte der Decke wurden getönte Spiegel angebracht, die die Perlmuttwände noch stärker hervorheben. Um den Travertintisch gruppieren sich komfortable Ledersessel, die für zwölf Gäste bereit stehen.

Ein großer Wohnbereich auf dem vorderen Deck und ein zweiter unter Deck erstreckt sich jeweils über die ganze Schiffsbreite. Zu jedem dieser Wohnbereiche gehört ein großes Wohn- und Badezimmer, ein King Size Bett und handgearbeitete Möbel aus gemasertem Holz, die mit Messing verziert sind.

Vier weitere Gästezimmer schließen sich unter Deck an. Jedes dieser Zimmer wurde farblich anders gestaltet. Es gibt den schwarz-elfenbeinfarbenen Raum, das einzige Gästezimmer mit einem Doppelbett, den blau-weißen Raum, den grau-rosa Raum und den hellblau-grauen Raum. Die Yacht wird überwiegend in der Karibik eingesetzt.

**Typ:** Motoryacht
**LüA:** 46 Meter
**Breite:** 7,8 Meter
**Bauwerft:** Mei Shipyard, Yokaichi, Japan
**Baujahr:** 1980
**Rumpfmaterial:** Stahl
**Motorisierung:** Doppelte MTU Hauptmotoren, je 1100 PS
**Reisegeschwindigkeit:** 14 Knoten

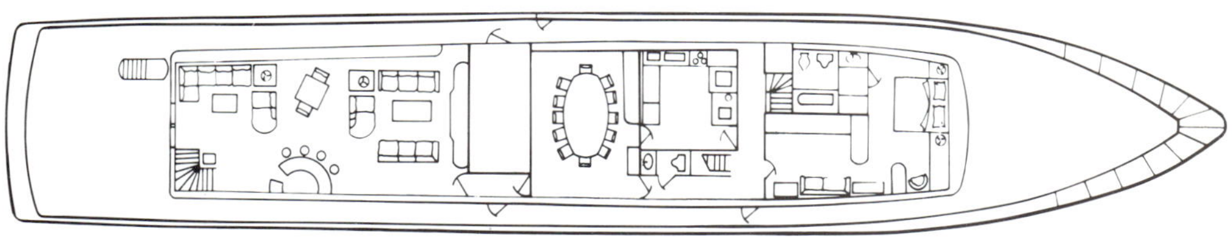

THE BROCHURE PEOPLE, FT. LAUDERDALE, FL.

THE BROCHURE PEOPLE, FT. LAUDERDALE, FL.

# Anmerkungen des Designers

Beim Entwurf der Gran-Mudder verfolgte ich drei Ziele:
1. Das Schiff sollte etwas ganz Besonderes werden. Es sollte die angenehme, entspannende und behagliche Atmosphäre ausstrahlen, die einen optimalen Lebensstil an Bord ermöglicht.
2. Die Räumlichkeiten sollten den passenden Rahmen für Geselligkeit, Privatgespräche und festliche Mahlzeiten bilden.
3. Die Yacht sollte so individuell gestaltet sein, daß sie den Lebensstil und Geschmack ihres Eigners widerspiegelt.

Ich wollte ein ganz besonderes Milieu schaffen. Zudem sollte sich die Yacht deutlich von den früheren Yachten der Mecoms abheben. Aus diesem Grunde kam die Verwendung traditioneller Hölzer, die für die meisten Yachten charakteristisch sind, nicht in Betracht.

Das Leben auf See kann abenteuerlich sein. Die Ruhe vor dem Sturm ist bekannt. Das Wasser verliert dann seinen warmen, smaragdfarbenen Farbton, der Himmel wird grau. Genau diesen Grauton wählten wir als die vorherrschende Farbe für die Wohnräume. Darauf haben wir auch Materialien, Oberflächenbearbeitung und begleitende Farben abgestimmt. Verschiedene Blauschattierungen, das Blau der Mecoms, bringen die Innenausstattung der Yacht in Einklang mit seiner natürlichen Umgebung.

Es ist nicht einfach, eine Yacht zu entwerfen. Unsere Möglichkeiten sind begrenzt, und wir müssen hohe Ansprüche zufriedenstellen. Mit modernster Technologie, großer Erfahrung und Scharfsinn setzten wir uns über die Grenzen hinweg. Es ist uns gelungen, ein Schiff zu bauen, das Sicherheit, Komfort und ein funktionelles Bordleben bietet.

*Giorgio Vafiadis*

THE BROCHURE PEOPLE, FT. LAUDERDALE, FL.

# Hetairos

*Hetairos* entstand nach einem Entwurf von Henry Scheel. Ihre Form weist die klassischen amerikanischen Linien der Ticonderoga von L. Francis Herrehoff auf. Sie hat einen schnittigen Klipper-Bug mit sanft einfallenden vorderen Seiten und ein wunderschönes, kühnes Spiegelheck. Ihre Deckslinien, das hochgezogene Schanzkleid achtern, silberne Delfine, lackierte Handläufe und Luken lassen den Betrachter glauben, daß das Schiff in den dreißiger Jahren entworfen und gebaut worden wäre. Tatsächlich wurde es 1985 bei der Royal Huisman Werft in Holland gebaut.

Der deutsche Besitzer der Hetairos wollte eine Yacht, die der Swan 65 ähnlich sein sollte, weil er glaubte, daß ihm diese Art Rennyacht die Wettbewerbsfähigkeit einbringen könnte, nach der er gesucht hatte. Er wollte Ästhetik, die ihm wichtig war, mit Leistung kombinieren. Die Hetairos wurde mit einem modifizierten Kiel und Ruder ausgerüstet. Dieser sogenannte Scheel-Kiel ist international bekannt. Seine Vorteile sind ein modernes, schnelles Unterwasserschiff mit einer langen Wasserlinie. Der Scheel-Kiel macht das Schiff steif und seetüchtig, und das bei geringem Tiefgang.

Die Holzausbauten im Inneren sind in Sandwich-Bauweise mit Hartschaumplatten und edlen Furnierhölzern ausgeführt. So wurde das Gesamtgewicht extrem niedrig gehalten.

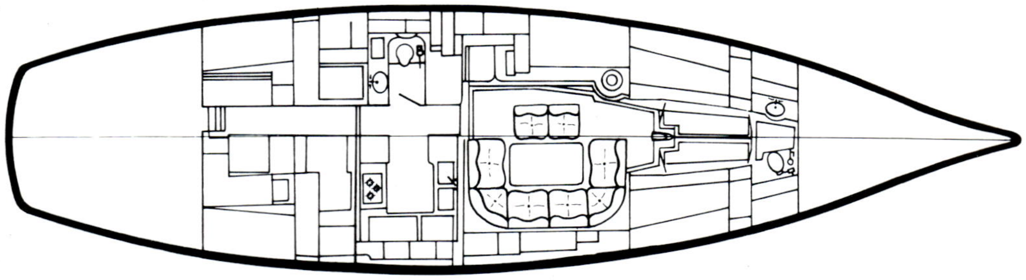

Ihr leistungsfähiges Rigg ist durchgehend mit hydraulischen Rondal-Rollreffsystemen ausgestattet. Die hydraulische Bedienung macht es möglich, daß nur zwei Mann das Schiff fahren können. Mit hydraulischen Lewmar-Winschen läßt sich die Yacht sehr einfach handhaben. Die elektronische Ausrüstung ist komplett. Es steht ein Scanti-Empfänger, Telex, Wetterkartenschreiber, AP Satelliten-Navigationsgerät bereit.

Die Hetairos ist der Inbegriff einer besonders wertvollen Yacht aus den 80er Jahren.

**Typ:** Ketsch
**LüA:** 21,5 Meter
**LWL:** 16,15 Meter
**Breite:** 4,60 Meter
**Tiefgang:** 2,45 Meter
**Verdrängung:** 36 Tonnen
**Designer:** Henry Scheel
**Bauwerft:** The Royal Huisman Shipyard
**Baujahr:** 1985
**Rumpfmaterial:** Aluminium

KO WELLEMAN

# Highlander

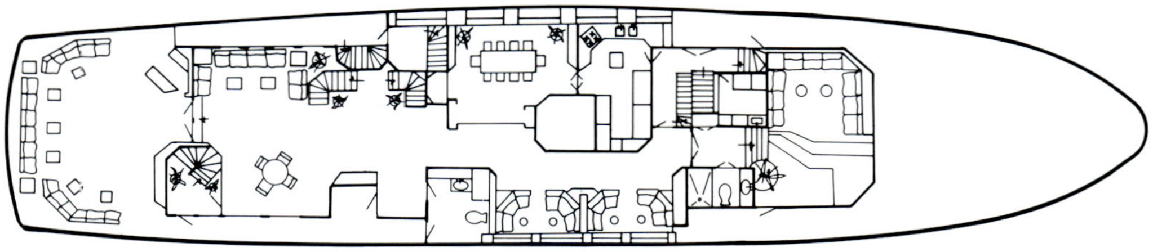

**Typ:** Motoryacht
**LüA:** 46 Meter
**Breite:** 8,91 Meter
**Tiefgang:** 2,97 Meter
**Verdrängung:** 447 Tonnen
**Designer:** Jon Bannenberg
**Bauwerft:** De Vries Shipyard
**Baujahr:** 1985
**Rumpfmaterial:** Stahl
**Motorisierung:** 2 GMC 16V149, je 900 PS bei 1800 U/min
**Reisegeschwindigkeit:** 14,3 Knoten
**Tankvolumen:** 88600 Liter
**Reichweite:** 3000 Seemeilen

*Highlander* Nummer Fünf ist die neueste der Malcolm Forbes-Yachten. Highlander Nummer Eins war eine umgebaute 78 Fuß lange kanadische Korvette. Dann folgte eine 98 Fuß-Feadship, die 1957 zu Wasser gelassen wurde, danach ein 117 Fuß-Schiff, das vor ein paar Jahren abbrannte. Eine 126 Fuß-Feadship war die nächste Yacht und ihr folgte die neue, hier abgebildete Highlander, die völlig neuartig in Design und Konstruktion ist.

Die Yacht wurde bei der großen de Vries Werft in Aalsmeer bei Amsterdam gebaut. Frits de Voogt, der Schiffskonstrukteur, bekannt als der Vater der Feadships, zeichnet verantwortlich für die Motorenanlage und den Rumpf. Jon Bannenberg war für Stil und Ausstattung federführend.

Die neue Highlander wurde, wie auch ihre Vorgänger, speziell entworfen, um den gesellschaftlichen Verpflichtungen nachzukommen, die ihr Besitzer, Malcom Forbes, schätzt. Der Stapellauf des riesigen neuen Schiffes war ein Schauspiel, dem eine große Zuschauermenge beiwohnte. Forbes und seine Familie kamen in seiner Boeing 727, der ›Capitalist Tool‹, an, um den Stapellauf der Yacht mitzuerleben. Anschließend wurde das erste Abendessen an Bord eingenommen: eine Dinner-Party für rund 80 Gäste. Es ist offensichtlich, daß die Yacht vom ersten Tag an ein voller Erfolg war, auch wenn es einige Leute gibt, die es befremdlich finden, daß gerade Malcolm Forbes Besitzer einer solch unkonventionellen Yacht ist. Doch dem Mann, der mit einem Heißluftballon quer über Amerika fuhr, der die erste Motorrad-Tour durch China machte, mangelt es ganz sicherlich nicht an Phantasie. Die Highlander gleicht dem revolutionären Design der Azteka. Aber die Innengestaltung ist völlig anders. Forbes führt seine Geschäfte häufig an Bord seiner Yacht, und er möchte, daß seine Geschäftspartner fürstlich behandelt werden. Seine Gäste können sich in sechs eleganten Salons wohlfühlen. Bannenberg hat alle Konventionen des traditionellen Yachtbaus übergangen, indem er sich nicht in die üblichen Raumeinteilungen einfügte. »In einem Schiff mit seiner ganz bestimmten Länge und Breite gibt es immer einen mittleren Korridor, und an Steuerbord und Backbord irgendwelche Räume. Das unterteilt automatisch den Freiraum, was dann wiederum die Bewegungsfreiheit einschränkt,« sagt Bannenberg. Auf der Highlander wurden die Korridore und Durchgänge hochgesetzt, so daß man ohne Behinderung von einem Ende des Schiffes zum anderen gelangt.

Die zahlreichen Salons wurden einfach ausgestattet. Die Wände sind entweder mit hellem Naturholz oder lackiertem Holz verkleidet, die Böden sind braun oder grün, die Dekken mit grauem Leder bespannt, die Teppiche sind grau. Marmor in fünf verschiedenen Farben wurde im ganzen Schiff verwendet. Die Sofas und anderen Sitzgelegenheiten sind in ruhigen und dezenten Farbtönen gepolstert. Die neutralen Farben bilden einen perfekten Hintergrund für die vielen Sammlerstücke von Forbes, die hier zur Schau stehen. Dazu gehören drei Arten Deco Täfelungen aus dem Passagierdampfer ›Normandie‹, Säulen aus Holz und bunte Gläser aus der königlichen Yacht ›Victoria and Albert‹, die den Speiseraum für zwölf Personen schmücken. Miniaturen mit nautischen Motiven sind in Plexiglas-Tischflächen zu bewundern, sowie Kunstwerke von Cocteau, Dufy und Gainsborough, und eine Unzahl persönlicher Erinnerungsstücke. Vom Salon mittschiffs führt ein Zugang zum Aus-

ALAIN GUILLOU

sichtsraum. Jede Stufe dieser Treppe, die von hier nach oben führt, ist an der Stirnseite beleuchtet. Der Speiseraum an Deck bietet weiteren Platz für gesellschaftliches Beisammensein. Vom höchsten Punkt des Schiffes, eine Art Krähennest am Mast, läßt sich ein beeindruckender Rundblick genießen. Unter Deck liegen die grüne Privatkabine und vier weitere Gästekabinen, die ebenfalls nach Farben benannt sind. Gut plazierte Handläufe aus Plexiglas geben an den Treppen, die zu diesen fünf Räumen führen, sicheren Halt. Die Suite von Mr. Forbes ist im hinteren Bereich des Schiffes. Ein Stern-Fenster und ein Alkoven zum Sitzen wie auf alten Segelschiffen schmücken den Raum. Das Besondere im Bad ist ein großer Whirlpool und ein Dampfraum, der mit lebhaft grünem Marmor ausgekleidet ist.

In der Nähe der Maschinen- und Arbeitsräume befinden sich sechs Kabinen für die Crew. Das Steuerhaus ist ein Kommunikationszentrum, das allen Ansprüchen gerecht wird. Ein 13köpfiges Personal arbeitet auf der Highlander. Sie ist eine wirklich komplette Yacht, die mit allem, was dazu gehört, versehen ist: Zwei Schnellboote, zwei Harley Davidsons und ein Bell Jet Ranger Hubschrauber... War es nicht Malcolm Forbes, der einmal gesagt hat, der einzige Unterschied zwischen Männern und Jungen sei der Preis ihrer Spielsachen?

ALAIN GUILLOU

ALAIN GUILLOU

ALAIN GUILLOU

## *Anmerkungen des Designers*

Für die heutigen hochentwickelten und komplizierten Yachten sind die Komponenten Handhabung und Kontrolle über das Schiff schon beim Entwurf unerläßlich. Jedes Projekt stellt neue Bedingungen, die zu beachten sind, wobei mein besonderes Interesse in der Geometrie eines Entwurfes liegt. Im Grunde genommen ist das Äußere einer Yacht ein dreidimensionales Gebilde. Je nach Geschwindigkeit, Leistung und Fahrtengebiet muß der Rumpf entsprechend konstruiert sein.

Die Decksaufbauten erfordern die richtige Relation zum Rumpf, die den Raum, den sie einschließen, widerspiegeln. Gleichzeitig müssen sie harmonieren mit der Gesamterscheinung der Yacht. Zusätzlich fasziniert mich die Aufgabe, eine vorgegebene Fläche in Räume aufzuteilen, die sich dem Schiff anpassen. Vielleicht befähigt mich meine Ausbildung als Konzertpianist dazu, die Architektur als ›gefrorene Musik‹ zu betrachten.

Da Harmonie das Wesentliche des Yachtdesigns ist, sind die gegenseitigen Beziehungen von äußerer Form, Abmessungen und die Abwägung dieser Punkte von überragender Wichtigkeit. Da alle Schiffe nach vorne und nach achtern hauptsächlich in die Länge ausgedehnt sind, spielt man eine Art dreidimensionalen Schachs. Nur so können, gemessen an Länge, Höhe und Breite, Raumeinteilungen mit möglichst wenig langen Korridoren geschaffen werden.

Gleichzeitig müssen die Innenräume freie Sicht nach Außen durch die Fenster gewähren. Die Fenster selbst verdienen besondere Beachtung, vor allem dürfen sie das Erscheinungsbild einer Yacht nicht stören. Somit ist das Innere und das Äußere einer Yacht untrennbar miteinander verbunden.

Ganz gleich, wie klein manche Räume gezwungenermaßen ausfallen, man muß immer im Auge behalten, daß der Mensch nicht kleiner wird, wenn er an Bord lebt. Es ist unsinnig, Türklinken, Stühle, Schränke oder Kommoden für ein Schiff kleiner zu machen. Trotz aller Einschränkungen im Raum sind die Bedürfnisse an Bord die selben wie an Land.

Neue Herstellungstechniken und Materialien stellen eine schöpferische Herausforderung dar. Jedes Material, sei es Fiberglas, Holz, Metall oder Kohlefaser, erfordert den richtigen Einsatz, und ich passe meine Entwürfe gerne der Natur des Materials an.

So verschieden wie meine Kunden sind, so verschieden fallen auch meine Yachtentwürfe aus. Es ist für mich eine Herausforderung, die ich gerne annehme, dieselbe Aufgabe auf unterschiedliche Weise zu lösen. Wichtig ist eine enge Verbindung zu meinen Kunden. Diese enge Verbindung ergibt sich, wenn man 18 Monate bis zu zwei Jahre lang den Lebensstil eines Menschen kennen und verstehen lernt und zum Ausdruck bringt.

Yachten sind extrem komplizierte Konstruktionen, eine Art handgearbeiteter Jumbo Jet. Sie erfordern umfassende Kenntnisse vieler talentierter Leute. Das wichtigste ist, daß alle Mitarbeiter und Faktoren in eine gut organisierte, zusammengefaßte Einheit eingegliedert werden. Ich schätze mich glücklich, ein erstklassiges Team zu haben. Wir sprechen mit unseren Kunden und realisieren ihre Wünsche. Das heißt, wir erstellen Entwürfe, Muster, detaillierte Pläne und Modelle. Ich überlasse nichts dem Zufall und berücksichtige jedes kleinste Detail. In einem Interview für ›The Yacht Magazine‹ wurde meine ›Schneckenzangen-Liste‹ erwähnt. Diese Liste wurde zum Sinnbild für die Gründlichkeit, mit der ich eine Yacht fertigstelle. Ich werde nie meine Verlegenheit vergessen, als ein neuer Eigner zum Einweihungsmenue Weinbergschnecken servieren lassen wollte. Der Steward fand die Zangen nicht, um die Schnecken aus den heißen Häuschen zu ziehen. Wir erweiterten sofort unsere Ausstattungsliste um diese Zangen, Servietten mit gesticktem Monogramm, Salzstreuern und Knoblauchpressen. Wenn wir ein Schiff übergeben, möchte ich, daß der Eigner mit seinen Gästen an Bord gehen und abfahren kann. Daher müssen alle Dinge an ihrem Platz sein. Vom allerersten Tag an beginnen der Eigner und seine Yacht ein gemeinsames Leben, und ich hoffe, daß wir die Yacht diesem Leben entsprechend zugeschnitten haben. Ich betrachte es als ein großes Privileg, aus Träumen die Realität entstehen zu lassen.

*Jon Bannenberg*

ALAIN GUILLOU

# *Huaso*

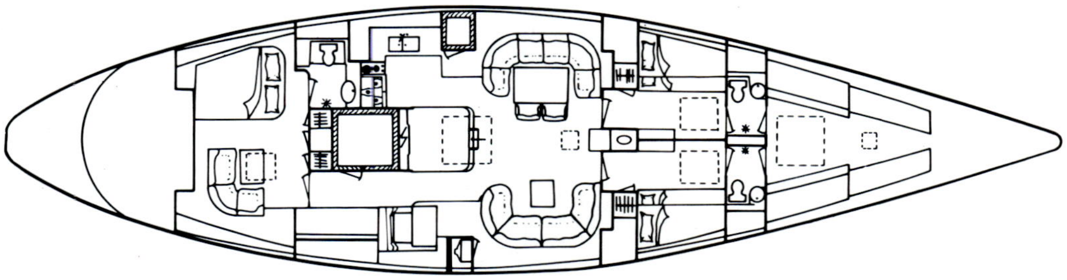

**Typ:** Maxi Racer/Cruiser mit Slup-Rigg
**LüA:** 24,7 Meter
**LWL:** 20,8 Meter
**Breite:** 6,1 Meter
**Tiefgang:** 4,2 Meter
**Verdrängung:** 38 Tonnen
**Ballast:** 18,7 Tonnen
**Designer:** German Frers
**Bauwerft:** The Royal Huisman Shipyard, Holland
**Innendesigner:** Pieter Beeldsnijder
**Baujahr:** 1984
**Rumpfmaterial:** Aluminium

*H*uaso ist ein Schiff, das es nur einmal gibt. Es wurde für einen Spanier gebaut, der mit der Yacht nicht nur reisen, sondern auch Regattas segeln wollte. Die Huaso ist eine Maxi-Yacht mit einer Länge über alles von 81 Fuß. Sie wurde von German Freres entworfen und bei der Royal Huisman Werft gebaut, wo sie im Frühjahr 1984 zu Wasser gelassen wurde. Die Innenausstattung der Huaso mit ausgefallenen Materialien wie Leder und Aligatorhäute wirkt gewalttätig auf den Betrachter. Die Einbauten sind so konstruiert, daß man sie ausbauen kann. So verändert sich die Yacht von einem hochkomfortablen Cruiser innerhalb weniger Stunden in ein total abgespecktes Maxi-Rennschiff. Der Container, in dem die Inneneinrichtung während der Rennsaison gelagert wird, kann im Schiff mitgeführt werden. Acht Stunden nach Beendigung der Rennen ist das Schiff wieder bereit für komfortable Seereisen.

Ihr Eigner benützte die Huaso im ersten Jahr hauptsächlich als Reiseschiff im Mittelmeer. 1985 segelte sie in die Karibik, und dort von den Grenadinen nach Antigua. Danach wurde sie bei der Southern Circuit Rennserie für Maxi-Yachten eingesetzt, ohne Inneneinrichtung. Sie fuhr gegen die ›Kialoa‹, ›Boomerang‹ und ›Condor‹ und machte mit zwei Rennsiegen und dem Gewinn der Rennserie einen sehr guten Eindruck. Kurz nach den Rennen wollte sich ihr Eigner ein neues Schiff bauen lassen, das in erster Linie ein Cruising-Schiff sein sollte. Er verkaufte die Huaso an Bill Koch, der sie in ›Matador‹ umtaufte. In der Robert E. Derecktor-Werft wurde sie zu einer reinrassigen Rennmaschine umgebaut. Sie ist im heutigen Renngeschehen eine der führenden Maxi-Yachten.

KO WELLEMAN

THEO KAMPA

THEO KAMPA

THEO KAMPA

# *Infinity*

JOHN WISDOM

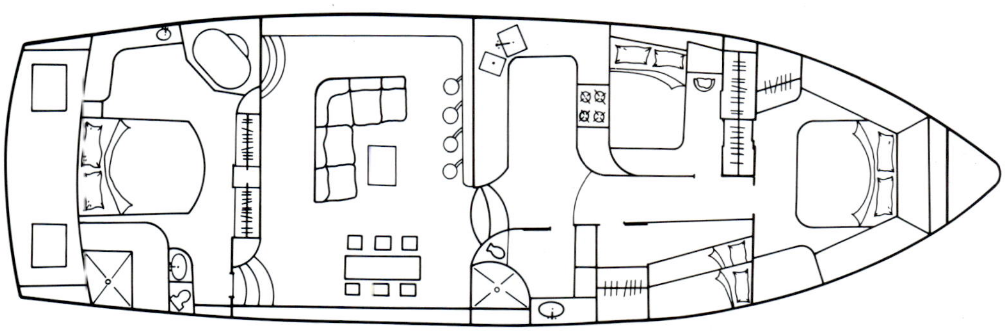

**Typ:** High Speed Motor-Cruiser
**LüA:** 20,2 Meter
**LWL:** 17,53 Meter
**Breite:** 6,34 Meter
**Tiefgang:** 1,06 Meter
**Verdrängung:** 40000 lbs.
**Designer:** Harry Schoell
**Bauwerft:** Infinity Yachts/Nautical Engineering Corp.
**Baujahr:** 1984
**Rumpf:** Delta Conic (Kunststoff)
**Motorisierung:** 2 GM 6-71 TI Diesel
**Max.-Geschwindigkeit:** 24 Knoten

JOHN WISDOM

*Infinity* ist eine 67 Fuß-Motoryacht mit einer Verdrängung von nur rund 15 Tonnen. Sie wiegt nur halb so viel wie ein normaler Cruiser aus Fiberglas in der selben Größe. Die Yacht ist der Prototyp einer revolutionären Serie von Motoryachten, die Harry Schoell aus Florida entwickelt hat. Er ließ seine technische Rumpfkonstruktion, Delta Conic genannt, patentieren. Ungewöhnlich an diesem Rumpf ist, daß zu seiner Fertigung keine Negativform verwendet wird. Der Rumpf entsteht aus Platten verschiedenen Materials. Bei diesem Schiff wurden Vinylharz und Fiberglasmatten in einem überdimensionalen ›Backofen‹ auf Balsaholz beidseitig aufgeschmolzen. Die Schotten und Längsstringer werden ähnlich gefertigt. Der Rumpf wird wie ein gigantischer Modellbausatz zusammengefügt. Mit dieser Technik ist es möglich, ein Schiff jeder Größe und Form wirtschaftlich herzustellen. Im Unterwasserschiff werden keine Metallteile verwendet, es wird generell sehr wenig Metall eingesetzt. Die Infinity ist leicht, relativ preiswert im Unterhalt und hat sehr geringe galvanische Elektrolyse-Probleme.

Das Auffallendste an der Yacht ist ihr Gabelmast mit einer 58 Quadratmeter großen Rollfock. Als Schmetterlingssegel gefahren entfaltet das Segel 117 Quadratmeter vor dem Wind. Der Mast kann mittels elektronischer Winschen gehoben oder abgesenkt werden. In herabgelassenem Zustand fügt er sich in das Vordeck ein. Das 14 Fuß lange Beiboot ist geschickt innerhalb der Plattform verstaut. Auf der Plattform ist eine Dusche. Schwimmer, die gerade im Meer gebadet haben, gelangen durch einen direkten Zugang in den achtern liegenden Dusch- und Umkleideraum, ohne daß der Teppichboden naß wird. Die Achterkabine ist mit einem Jacuzzi ausgestattet.

Alle Innenräume bieten viel Platz. Der Hauptsalon ist aufgeteilt in einen Wohnbereich, einen Eßbereich und eine Frühstücksbar. Die Barhocker sind raffiniert an feststehenden Rohren montiert und so konstruiert, daß sie in die gewünschte Stellung gebracht werden können, bevor man Platz nimmt. Vor der Bar liegt etwas tiefer eine große Küche. Zusätzliche Kabinen an Steuerbord und im vorderen Schiffsteil bieten reichlich Platz für die Familie oder Gäste.

Unter der großen Zahl der Yachten, die er entworfen hat, wählte Harry Schoell die Infinity für seinen persönlichen Gebrauch. Um das Vergnügen an der Seefahrt noch mehr zu steigern, arbeitet er unermüdlich am Reißbrett und entwickelt neue Materialien, Ideen und Methoden für zukünftige Yachtkonstruktionen.

# Jamaica Bay

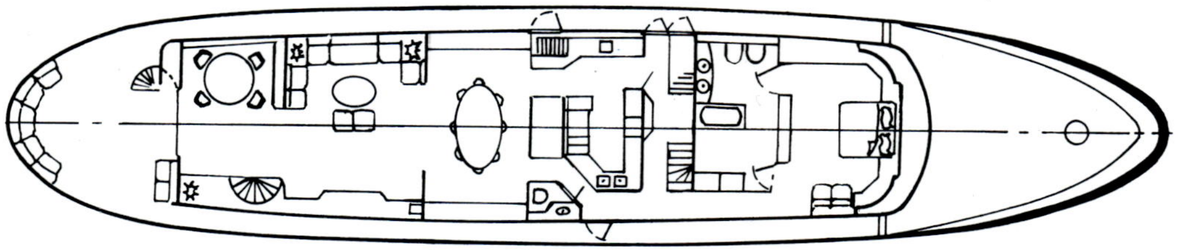

Jamaica Bay stellt die gelungene Verbindung von alt und neu dar. Sie wurde 1984 nach einem Diana Yacht Design-Entwurf von Amels B.V. in Holland gebaut. Die Schiffsform, Motorisierung, Mechanik und Navigationsausrüstung entsprechen dem neuesten Entwicklungsstandard. Die Inneneinrichtung hingegen ist in klassischem Stil. Im Salon, der mit Mahagoni vertäfelt ist, fühlt sich der Betrachter in die Jahrhundertwende zurückversetzt. Klare Linien und die traditionellen Schiffsfarben, blauer Teppichboden und blaugemusterte Kissen auf einer weißen Couch, sind ein Tribut an das Meer. Gemälde der holländischen Schule aus dem 19. Jahrhundert und zwei Ölgemälde von Summer Scales, die Segelschiffe darstellen, schmücken die Wände.

Den Speiseraum ziert ein Sheraton Tisch, an dem zehn Personen Platz nehmen können. Königliches Porzellan aus Kopenhagen, feines Silber und Kristall schaffen gediegene Eleganz. Auf dem Schiffsdeck befindet sich eine Bibliothek und ein Wohnraum. Dort, vom exclusiven, ledergepolsterten Schreibtisch aus, kann sich der Gast der Poesie des Meeres widmen, oder er kann verfolgen, was im Büro des Kapitäns geschieht. Die modernsten Navigationsinstrumente übertragen von der Navigationsstation aus die fortlaufenden Daten in die Lounge nebenan. Hinter der Decksbrücke liegen die großzügigen Räume des Kapitäns. Die Unterkünfte der Mannschaft und die Doppelkabinen für die Gäste befinden sich im unteren Deck. Den beiden Doppelkabinen sind Dusche und WC angeschlossen. Mit eingebauten Kojen, kleinen Tischen aus Mahagoni und Messinglampen sind sie einfach möbliert – klassisch und schlicht.

Der Wohnraum des Eigners und ein weiterer Wohnraum achtern sind mit King Size Betten, Badezimmern mit Badewannen, Fernseher, Video- und Stereokassetten-Anlage ausgestattet.

Das Achterdeck und das Schiffsoberdeck bieten viel Platz für Feste im Freien. Eine Liegewiese aus Kissen auf dem Top Sonnendeck steht für die Sonnenanbeter bereit.

Die Jamaica Bay ist ein ideales Schiff für Chartergruppen, die ein wenig altertümlichen Charm genießen wollen, ohne auf den Komfort verzichten zu müssen, den ein modernes Schiff bieten kann.

**Typ:** Motoryacht
**LüA:** 42 Meter
**Breite:** 8,0 Meter
**Tiefgang:** 2,7 Meter
**Tonnage:** 429,57 BRT
**Bauwerft:** Amels B.V., Holland
**Rumpfmaterial:** Stahl; Aufbauten Aluminium
**Motorisierung:** 2 × Caterpillar Diesel-,mit je 850 PS D 398 T
**Max.-Geschwindigkeit:** 14 Knoten
**Reisegeschwindigkeit:** 12 Knoten
**Tankvolumen:** 50 000 Liter

KO WELLEMAN

KO WELLEMAN

KO WELLEMAN

# Jessica

Jessica, ein Topsegel-Schoner mit drei Masten, ist atemberaubend. Sie ist das Traumschiff eines argentinischen Geschäftsmannes, Carlos Perdoma. Der Schoner, der an die Schiffe der Jahrhundertwende erinnert, ist beides, elegant und schnell. Perdoma hat schon viele Yachten besessen. Dazu gehörten eine 42 Fuß-Ketsch, Sonja, eine 40 Fuß S&S Yawl, Barracuda, eine 64 Fuß Frers, Juana, und La Cautiva, eine 73 Fuß-Yawl mit Herreshoff-Linien und die Replika des berühmten Schoners America. 1979 begann er, den Bau der Jessica zu planen. Zu dieser Zeit machte er die Bekanntschaft mit Arthur Holgate. Er war von Holgate beeindruckt, der einen 93 Fuß langen Topsegel-Schoner in Südafrika gebaut hatte und einhand von Südafrika nach St. Thomas gesegelt war.

Nach Perdoma's Vorstellungen wurde die Jessica in Zusammenarbeit mit Holgate und Perdoma's Skipper, John Barden, geplant.

Sie hat einen light displacement-Stahlrumpf und Schonersegeltakelage. Raumschots erreicht die Yacht ihre Rumpfgeschwindigkeit von 20 Knoten. Jessica ist der Hauptwohnsitz von Carlos und seiner Frau, Norma Jessica, nach der das Schiff benannt ist. Perdoma wollte eine schnelle, komfortable und seetüchtige Yacht, die das goldene Zeitalter der Großsegler widerspiegeln sollte. Jessica's Design umfaßt Klasse und Stil, ohne sich mit aller Gewalt an Altherkömmlichem anzuklammern. Einfache und bequeme Handhabung sind von allergrößter Wichtigkeit. Die Besansegel, Haupt- und Vorsegel können mit den leistungsstarken Winschen innerhalb viereinhalb Minuten gesetzt werden. Interessant ist, daß die technischen Einrichtungen Standardmaße haben. Zum Beispiel sind alle Bäume und Gaffel bis hin zu den Topmasten untereinander austauschbar, ebenso die Segel und sogar die Dorade-Lüfter.

Holgate entwarf die Rumpfform und das Rigg. Beides wurde von dem holländischen Schiffsarchitekten Jan Coucke nachberechnet und modifiziert. Die Inneneinrichtung entstand in einer Zusammenarbeit von Carlos und John Munford, der fünf Jahre lang bei Camper & Nicholson gearbeitet hatte. Der Bau der Jessica wurde bei Astilleros de Mallorca S. A. in Palma durchgeführt. Die besten Handwerker arbeiteten dreieinhalb Jahre lang an der Yacht.

Nach ihrem Stapellauf 1984 wurde die Jessica nach Cowes gebracht, wo sie aufgeriggt und der Motor eingebaut wurde. Danach reiste sie in die Karibik und wieder zurück ins Mittelmeer. Es ist phantastisch, wie hervorragend die Yacht unter Segeln beschleunigt. Sie nimmt so enorm schnell Fahrt auf, daß sie schon weit weg am Horizont ist, bevor man die Kamera gezückt hat, um sie zu fotografieren. Ihr weitflächiges Deck ist fast halb so lang wie ein Fußballfeld.

Die Inneneinrichtung ist bis ins kleinste Detail exquisit. Die Eignerkabine hat ihr eigenes Deckshaus. Sie ist mit Teakholz verkleidet, die Decke ist weiß. Zur Möblierung gehört ein großes Bett, ein eingebautes Sofa und eine Frisiertoilette. Für die Zubereitung einer Tasse Tee zwischendurch steht eine kleine Teeküche zur Verfügung. Im Badezimmer des Eigners dominiert eine altmodische Badewanne mit goldenen Klauenfüßen. Die Armaturen am Doppelwaschbecken aus Keramik und am Bidet sind ebenfalls vergoldet. Insgesamt beherbergt das Schiff vier Doppelkabinen mit jeweils eigenem Badezimmer.

Im Hauptsalon steht gegenüber einer halbrunden Bar ein L-förmiges grünes Ledersofa. Zwei Elefantenstoßzähne zieren die Bar auf wirkungsvolle Weise. Nicht nur hier, auch im Arbeitszimmer des Eigners finden sich wertvolle Knochen- und Elfenbeinschnitzereien. Carlos ist Jäger und Sammler dieser kunstvollen Schnitzarbeiten. In eigens gefertigten Regalen sind die Sammelstücke auch bei Fahrt unter Segeln sicher untergebracht. In der Bibliothek ist eine prachtvolle Waffensammlung zu bewundern. Orientteppiche in allen Räumen geben Wärme und Schönheit.

Die Quartiere der 13köpfigen Mannschaft liegen getrennt von den übrigen Räumen ganz vorne im Schiff, so daß die Privatsphäre des Eigners und seiner Gäste vollkommen gewahrt bleibt.

Der König von Spanien, ein Freund von Carlos, schenkte ihm zum Stapellauf eine Bronzeglocke aus dem achtzehnten Jahrhundert. In ihr steht eingraviert: ›Viento calmo, mar calmo, y estrella clara‹ – ›günstigen Wind, ruhige See und leuchtende Sterne‹; was will der Mensch noch mehr?

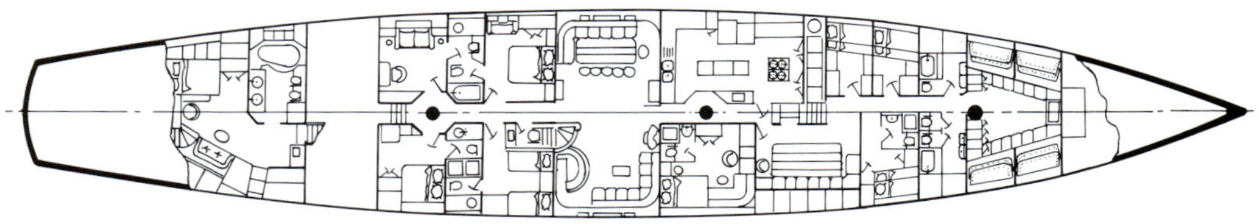

**Typ:** Topsegel Schoner
**LüA:** 61,8 Meter
**Breite:** 8,6 Meter
**Tiefgang:** 4 Meter
**Verdrängung:** 378 Tonnen
**Designer:** Arthur Holgate
**Bauwerft:** Astilleros de Mallorca
**Baujahr:** 1983
**Rumpfmaterial:** Stahl
**Motorisierung:** GM 12 V 71 650 BHP bei 2300 U/min
**Max.-Geschwindigkeit:** 20 Knoten
**Reisegeschwindigkeit:** 10,2 Knoten
**Tankvolumen:** 27 200 Liter

CARLOS PERDOMA

Saddles

# *Jezebel*

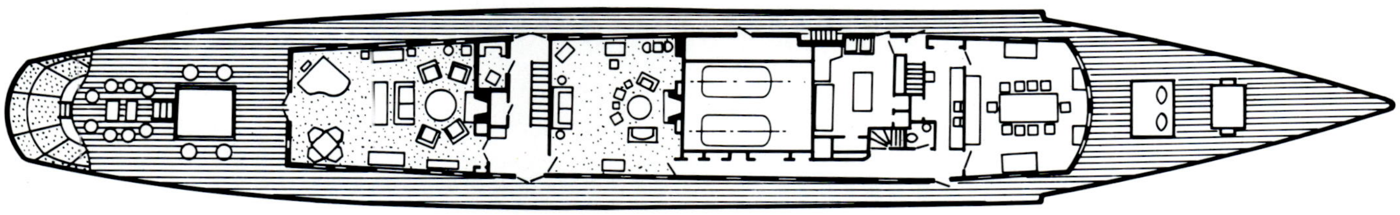

**Typ:** Motoryacht
**LüA:** 82,6 Meter
**Breite:** 10,46 Meter
**Tiefgang:** 3,96 Meter
**Tonnage:** 996 BRT
**Verdrängung:** 1413 Tonnen
**Designer:** Cox and Stevens
**Bauwerft:** Friedrich Krupp Germania Werft AG, Kiel
**Baujahr:** 1930; Generalüberholung 1983

GRAEME OUTERBRIDGE

GRAEME OUTERBRIDGE

*Jezebel* ist eine klassische Motoryacht. Unter den traditionellen Yachten, die heute noch zur See fahren, gehört sie mit Sicherheit zu denen, die ganz besonders edel und exquisit restauriert wurden. Die Yacht wurde von Cox und Stevens entworfen und 1930 in der Friedrich Germania Werft A/G in Kiel gebaut. Ihr Auftraggeber war Mr. Algar von der Packard Car Company in Amerika. Unter dem Namen M. Y. Reveler lief sie vom Stapel. Schon 1931 ging sie in den Besitz von Charles McCann, dem Leiter der Woolworth-Kette, über. Er benannte die Yacht um in Chalena, richtete sie verschwenderisch ein und genoß sie über zehn Jahre lang als Vergnügungsschiff.

Während der Kriegsjahre änderte sich das Schicksal der Yacht drastisch. 1942 wurde sie von der US-Marine beschlagnahmt und in ein Kanonenboot bei Gibbs Gas Engine Co. in Jackson, Florida, umgebaut. Die ehemalige Vergnügungsyacht war kaum mehr wiederzuerkennen. Unter der Bezeichnung USS Beaumont PG60 operierte sie von Pearl Harbor aus, bestückt mit 7,5 Zentimeter-Kanonen, sechs Flaks, Unterwasserbomben und einer 110köpfigen Besatzung.

Nach dem Krieg wurde sie bei den Bath Iron Werken in Maine gründlich überarbeitet, ihre zwei 1100 PS starken Krupp-Motoren überholt. 1949 ging sie mit dem Namen M. Y. Elpetal in den Besitz des griechischen Schiffsmagnaten Marais Embiricos über. Die Yacht blieb 26 Jahre lang im Besitz der Familie, die mit ihr weltweite Reisen unternahm und gesellschaftliches Leben mit internationalen Berühmtheiten pflegte.

Nachdem sie 1983 von dem australischen Unternehmer Robert Stigwood gekauft worden war, wurde sie originalgetreu restauriert. Ihr typischer Klipper-Bug, die Fichtenholz-Masten und Teakdecks wurden wieder gerichtet. Die technische Ausrüstung wurde auf den neuesten Stand gebracht. Generatoren, Apparate zur Süßwassergewinnung, Aircondition, Vospers Stabilisatoren, Bugstrahlruder, Satelliten-Kommunikationssystem, Radar, Satelliten-Navigation und Sicherheitsausrüstungen wurden installiert. Im Sommer 1985 wurden die Motoren neu eingebaut. Die Inneneinrichtung ist im Stil eines eleganten Landhauses mit Antiquitäten, Perserteppichen, Originalgemälden und Stichen gestaltet. Die Farben im Hauptsalon sind überwiegend weiß und blau, und neben einem Piano bieten sich gepolsterte Sofas und Sessel zum Sitzen an. Im Mittelpunkt der mit Pinienholz getäfelten Bibliothek steht ein offener Kamin. Das geschmackvolle Speisezimmer bietet 24 Gästen Platz. Die Küche mit Edelstahlflächen, zwei Vulcan-Herden und einem freistehenden Arbeitsbereich, könnte auch die Anforderungen einer Restaurant-Küche erfüllen. Dank des begehbaren

COLIN B. SQUIRE

JACQUES LOWE

GRAEME OUTERBRIDGE

Tiefkühlraumes und großer Kühlschränke ist das Mitführen großer Vorräte kein Problem.

Im unteren Deck befinden sich sieben Gästezimmer, die nach griechischen Inseln wie Petali, Spetsai, Andros, Syra, Tinos, Serifos und Miconos benannt sind. Die Räume sind schlicht eingerichtet mit Doppelbetten und Bädern. Die Wände sind eierschalenfarben gestrichen, das Dekor ist dezent, hauptsächlich weiß mit nur einer Akzentfarbe, gestaltet. Die Böden sind mit Perserteppichen bedeckt.

Die Räumlichkeiten des Eigners liegen auf dem Schiffsdeck neben einem gemütlichen, kleinen Arbeitszimmer. Zur Unterhaltung der Gäste steht eine Auswahl von über 200 Videofilmen, eine große Anzahl von Fernseh- und Stereogeräten, eine Sauna im unteren Deck und ein Jacuzzi auf dem Schiffsdeck hinter dem Arbeitszimmer zur Verfügung.

Das Flair der frühen dreißiger Jahre, einer Ära genüßlichen Lebens, Komfort und schlichte Eleganz bestimmt die Atmosphäre. Das Auffallendste an Jezebel ist, daß sie so anmutig wirkt wie ein Segelschiff. Ihre schlanken Linien und die Teakdecks unterstreichen diesen Eindruck. Jedoch, im Gegensatz zu einem Segelschiff, ist sie geräumig, hell und luftig. Jezebel verkörpert die traditionelle Eleganz der Klipper.

GRAEME OUTERBRIDGE

JACQUES LOWE

GRAEME OUTERBRIDGE

HERMITAGE
HERMITAGE

JACQUES LOWE

# *Kalizma*

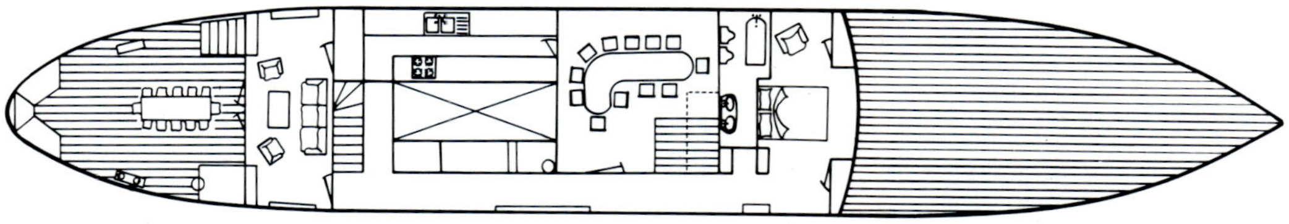

**Typ:** Motoryacht
**LüA:** 42,68 Meter
**LWL:** 37,29 Meter
**Breite:** 6,32 Meter
**Tiefgang:** 2,89 Meter
**Designer:** George Watson & Co.
**Bauwerft:** Ramage & Ferfuson, Leith., Schottland
**Tonnage:** 291,92 BRT
**Baujahr:** 1906; Generalüberholungen: 1964, 1981, 1983, 1985
**Rumpfmaterial:** Stahl
**Motorisierung:** 500 PS, 1800 U/min, MAN D2542 MLE Diesel, 1985; Mercedes Doppelmotoren MB846A Diesel, 225 PS bei 1500 U/min, 1964

*Kalizma* wurde 1906 in Schottland für Mr. Robert Stuart gebaut und Minona benannt. Sie wurde von einer Dreizylinder Dampfmaschine angetrieben, hatte ein Ketsch-Rigg, einen klassischen Klipper-Bug und ein Spitzgatt-Heck.

1914 wurde sie von der Royal Navy für den Kriegsdienst beschlagnahmt. Mit zwei Sechspfündern ausgerüstet fuhr sie als Ersatzschiff Patrouillen. 1937 wurde sie wieder in den Kriegsdienst gestellt, dieses Mal als Kontrollschiff, um Schmugglern auf die Spur zu kommen. Die Royal Navy behielt sie als Basisschiff bis 1946. 1955 ließ ihr neuer belgischer Eigner in Brüssel einen Mirrlees Achtzylinder Dieselmotor mit 500 PS einbauen. Ihr neuer Name war Odysseia. Ihre Sechszylinder von Daimler Benz mit jeweils 225 PS wurden 1964 in Marseilles installiert.

Richard Burton und Elizabeth Taylor kauften die Yacht 1968. Sie tauften das Schiff nach ihren Kindern auf den Namen Kalizma. Während der sieben Jahre als Besitzer gaben sie große Geldsummen für das Schiff aus und pflegten es sorgfältig. Die Yacht wurde mit wertvollen Antiquitäten und unschätzbaren Gemälden ausgestattet: ein Utrillo hing im Hauptsalon, ein Franz Hals in der Bibliothek und ein Degas in der Eigner-Suite. Die Kalizma stellte für die Burtons den privaten Lebensraum, wohin sie sich von der Publicity, der sie ständig ausgesetzt waren, zurückziehen konnten. Damit ihre Privatsphäre wirklich unangetastet blieb, konnte außer dem Kapitän und dem Chef kein Crewmitglied englisch sprechen. Und diese mußten absolute Verschwiegenheit schwören, was Ankunft, Abreise und Reiseziel der Burtons betraf. Es war an Bord der Kalizma, als

TREVOR CLARKE

TREVOR CLARKE

Richard Burton Elizabeth den eine Million Dollar teuren, blau-weißen, 69,4 karätigen ›Burton-Diamanten‹ überreichte. Eines Jahres reisten die Burtons nach England, um einen Film mit dem Titel ›The V. I. P.‹ zu drehen. Wegen der englischen Quarantänebestimmungen durften sie ihre Menagerie von Hunden und Katzen nicht im Flugzeug mitnehmen. Daher beschloß Elizabeth, mit der Kalizma die Themse hochzufahren und mit ihr in London anzulegen. Während der Drehzeit lebten die Burtons an Bord mit ihren Tieren. Zeitweise kreuzte die Yacht im Mittelmeer. Königliche Hoheiten, Filmstars und Politiker zählten zu den Gästen auf der Kalizma. Als sich die Burtons scheiden ließen, wurde die Yacht verkauft.

Ihr nächster prominenter Besitzer war ab 1982 Peter de Savory, Vorsitzender des Victory Syndicats, dem britischen Herausforderer im America's Cup 1983. Kalizma fuhr als Flaggschiff des Zwölfers ›Victory‹ mit. Gleichzeitig diente sie als Treffpunkt für Gesellschaften und Tagungen, sowie zum Wohnen während der zermürbenden Qualifikationsfahrten vor dem Schlußrennen.

Nach dem America's Cup wechselte sie wieder ihren Besitzer. Der neue Eigner ließ sie gründlich überholen. Ihr alter Dieselmotor wurde durch einen M. A. N. Diesel mit 520 PS ersetzt, der aber immer noch von den Mercedes Doppelmotoren unterstützt wird. Gleichzeitig ließ er die Ausrüstung und die Inneneinrichtung modernisieren.

Zu den Räumen der Yacht, die in der Zeit Edwards VII. gebaut wurde, zählen fünf Doppelkabinen für die Eigner und ihre Gäste. Auf dem Hauptdeck erstreckt sich über die gesamte Schiffsbreite der Wohnraum des Eigners (früher Elizabeth Taylor's Zimmer). Ein übergroßes Doppelbett, eine Originalchaise mit goldener Seide überzogen, die aus der Zeit Ludwig XV. stammt, und ein Paar 150 Jahre alte Rokkoko-Spiegel verschönern den Raum. Das anschließende Badezimmer ist mit weißen, italienischen Fliesen, die mit goldener Filigranarbeit verziert sind, gekachelt.

Ein mahagonigetäfelter Durchgang, auf den alle Räume münden, erstreckt sich über die ganze Länge des Schiffes. Im Speisezimmer steht ein exquisiter, L-förmiger Chippendale-Tisch. Das elegante chinesische Service und das Waterford Kristall ist in einem Wandschrank untergebracht, der sich der Wand anpaßt. Eine halbrunde Bar aus Teakholz befindet sich im Hauptsalon. Hier dient als zusätzlicher Stauraum ein übergroßer Bücherschrank aus Mahagoni, der vom Boden bis zur Decke reicht. Vier Türen am hinteren Ende des Salons können weggeklappt werden, um freien Zugang zum Achterdeck zu schaffen.

Unter Deck sind die Gästezimmer in zwei Bereiche aufgeteilt. Im vorderen Bereich liegt die zweite Eigner-Suite (früher Richard Burton's Zimmer). Hier steht ein 100 Jahre altes Bett mit vier Bettpfosten. Olivgraue Kacheln mit Filigranmuster harmonieren mit der wertvollen, antiken Einrichtung. Bei der Renovierung 1981/82 wurde das an Backbord liegende Gästezimmer in ein gemütlich mit Ledersesseln eingerichtetes Büro und Arbeitszimmer umgestaltet.

Obwohl die Kalizma schon viel erlebt und eine wechselvolle Geschichte hinter sich hat, blieb ihre Ausstrahlung und ihr Charme erhalten.

TREVOR CLARKE

TREVOR CLARKE

# Lac II

TONY MORGAN

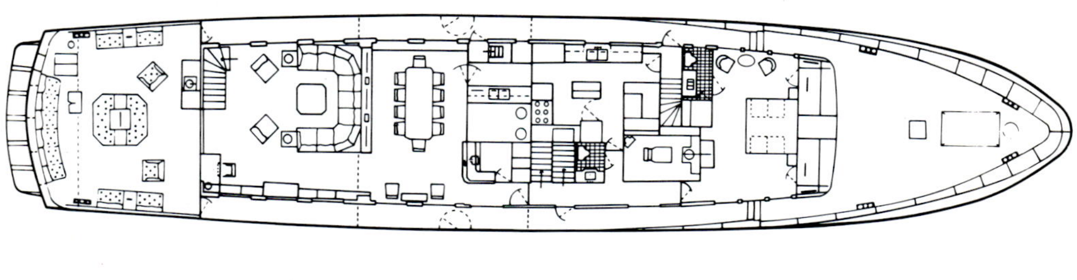

Lac II ist identisch mit der Lac III. Beide Yachten entstanden im Auftrag von Roy Carver. Ursprünglich hatte er nur den Bau einer Yacht geplant. Doch offensichtlich war Carver mit dem Fortschritt seiner in Auftrag gegebenen Yacht bei der Werft Maritima de Axpe in Bilbao, Spanien, unzufrieden. Daher entschloß er sich, die Feadship-Werft in Holland mit dem selben Projekt zu betrauen. Die Lac II, gebaut von der Feadship-Werft, wurde 18 Monate vor ihrer spanischen Zwillingsschwester zu Wasser gelassen. Eine der Yachten wurde für Nordamerika bestimmt, die andere für das Mittelmeer. Der ungewöhnliche Name entstand aus den Initialen der Mutter Carvers.

Der Rumpf der Lac II entstand nach einem Entwurf von Arthur de Fever aus San Diego, Kalifornien. Die Inneneinrichtung gestaltete Pierre Tanter.

1976 wurde die Yacht zum Verkauf angeboten und nahezu umgehend an Libyen's General Muammar Gaddafi verkauft. Daher war es nicht möglich, die Yacht in ihrem jetzigen Zustand zu fotografieren. Ihr Name wurde in Hannibal umgeändert. Gaddafi ließ die Yacht mit elektronischen Sicherheitssystemen ausstatten, einschließlich einer Unterwasser-Radareinrichtung, die Froschmänner und dergleichen per Monitor erfassen kann. Das Schiff liegt häufig in Malta, es wird in erster Linie für Vergnügungsfahrten benützt. Durch den Hubschrauber an Bord ist das Kommen und Gehen von Gaddafi und Co. kein Problem.

TONY MORGAN

TONY MORGAN

**Typ:** Motoryacht
**LüA:** 39,87 Meter
**Breite:** 7,8 Meter
**Tiefgang:** 2,49 Meter
**Bauwerft:** Feadship
**Baujahr:** 1975
**Rumpfmaterial:** Stahl
**Motorisierung:** 2 Caterpillar Marine Diesel Modell D348 TA, 703 PS bei 1800 U/min
**Reisegeschwindigkeit:** 14,7 Knoten
**Tankvolumen:** 50800 Liter

# *Lars Porsena*

ALAN BAND ASSOCIATES

**Typ:** Express Speed Boat/Buggy Carrier
**LüA:** 13,1 Meter
**Breite:** 3,2 Meter
**Tiefgang:** 0,54 Meter
**Verdrängung:** 5,2 Tonnen
**Motorisierung:** 2×150 PS Volvo Penta AQD 40/280 Mercruiser 330 TR/2×330
**Bauwerft:** Tarquin Boat Company, England
**Designer:** Styling & interior/Terry, Disdale

ALAN BAND ASSOCIATES

*Lars Porsena* ist bei Insidern auch als der ›Buggy Carrier‹ bekannt. Entworfen von Brit Terry Disdale für die Tarquin Boat Company, Ltd., war die Yacht ursprünglich als luxuriöses High speed Schiff konzipiert. Es sollte komfortabel sein und gleichzeitig so konstruiert, daß sportliche Fahrzeuge über beträchtliche Entfernungen transportiert und an abgelegenen Küsten nach Lust und Laune angelandet werden konnten.

Lars Porsena wurde dem weltberühmten Rotork Sea Truck mit GRP-Aufbau nachempfunden und in eine futuristische, elegante Maschine umgewandelt. Sie ist der letzte Schrei für Spritztouren am Wochenende. Die Einrichtung macht es aber auch möglich, wie mit einer konventionellen Yacht lange Fahrten zu unternehmen.

ALAN BAND ASSOCIATES

ALAN BAND ASSOCIATES

# Mariella

MIKE MEADE

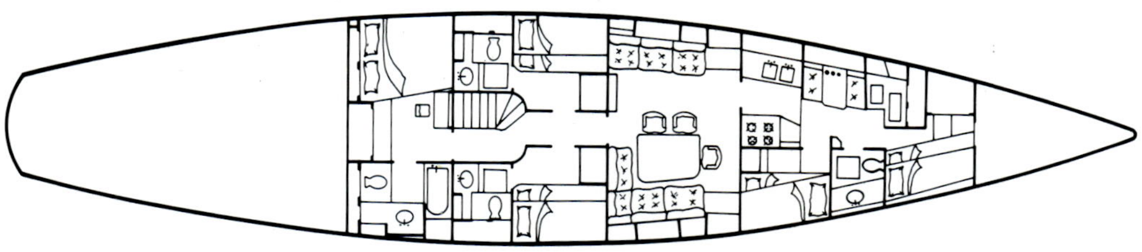

**Typ:** Yawl
**LüA:** 24,07 Meter
**Breite:** 5,03 Meter
**Tiefgang:** 3,50 Meter
**Designer:** Alfred Mylne
**Bauwerft:** William Fife
**Tonnage:** 57 BRT
**Baujahr:** 1938
**Rumpfmaterial:** Holz

*Mariella* wurde 1938 in Schottland von William Fife and Sons für D. Paterson, einen Kaffee-Importeur, gebaut. Nach der Kriegserklärung verkaufte Paterson das Schiff an R. M. Teacher, Familienmitglied des schottischen Whiskey-Clans. Teacher behielt die Yacht bis 1969, dann verkaufte er sie an Mr. Pollok. Danach wechselten ihre Eigner häufig bis 1981, als sie von den Amerikanern Mr. und Mrs. Donald Glen gekauft wurde. Die Glens wollten die Yacht in ihren Originalzustand restaurieren lassen.

Die Restaurierungsarbeiten wurden bei der Porto Cervo S. A. Schiffswerft in Sardinien unter der Leitung Kapitäns Ingmar Janum mit Unterstützung von Malcolm Horsley (früherer Skipper des berühmten Stormvogel) durchgeführt. Um das Profil der Yacht abzusenken, ließen die Eigner das Deckshaus niedriger setzen. Die Teakdecks blieben im Originalzustand. Die Yacht sieht schlank und rassig aus, ihre

Inneneinrichtung reflektiert die Eleganz der dreißiger Jahre. Der Hauptsalon ist original in Eichenholz verkleidet, die drei Kabinen sind mit Teakholz ausgebaut. Im Zuge der Renovierung wurden die Räume für die Crew und die Küche modernisiert.

Mariella fährt nun als Charterboot in der Karibik. Bei den konstanten Passatwinden kann sie ihre hervorragenden Segeleigenschaften demonstrieren. Ihr Rigg trägt über 495 qm Segelfläche, die Bedingungen der Windward Inseln sind ideal für das Schiff. Es ist schön, daß es noch Menschen gibt, die die Schiffsbauerkunst von William Fife und die Schönheit anderer Segelschiffe aus dem goldenen Zeitalter der Großsegler erkennen und auch gewillt sind, die Erbschaft zu erhalten, indem sie diese alten Schönheiten verjüngen.

MIKE MEADE

MIKE MEADE

MIKE MEADE

# *Mariette*

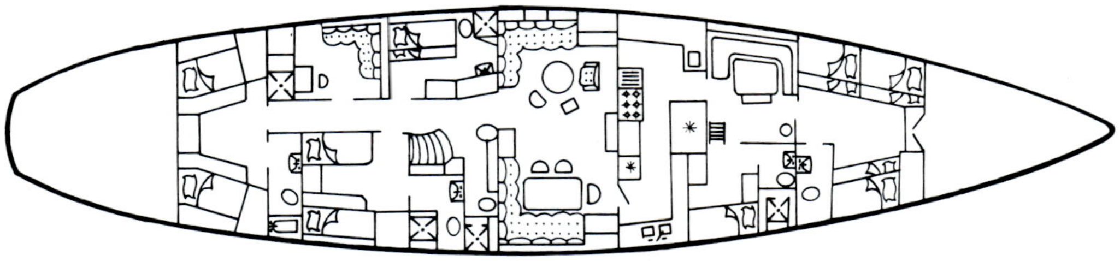

**Typ:** Stagsegel Schoner
**LüA:** 33,55 Meter
**LWL:** 27,37 Meter
**Breite:** 7,32 Meter
**Tiefgang:** 4,58 Meter
**Designer:** Nathaniel Herreshoff
**Bauwerft:** N. Herreshoff, Maine, USA
**Baujahr:** 1918
**Motorisierung:** 2 × GM 6-71
6-Zylinder, 185 PS Diesel
**Rumpfmaterial:** Stahl
**Reisegeschwindigkeit:** 7 Knoten
**Max.-Geschwindigkeit:** 8 Knoten

*Mariette,* ein edler Schoner mit 110 Fuß Länge, ist ein typisches Exemplar der sorgfältig ausgebauten Schoner aus der Zeit vor dem ersten Weltkrieg. Sie wurde 1915 von Herreshoff in Bristol, R.I., für den Bostoner Frederick Brown gebaut. Später ging sie in den Besitz der Crowinshields über. Ein Vorfahre von Mr. Crowinshield war einer der ersten Yachteigner in Amerika. Er besaß eine Yacht namens Cleopatra's Barge. Crownshield benannte sein Schiff Mariette nach dem weltberühmten Segler, der der Sage nach zu Napoleon's Unterstützung über den Atlantik segelte, um den Papst abzusetzen. Cleopatra's Barge II gehörte der Familie bis 1939. Während des zweiten Weltkrieges wurde das Schiff von der Coast Guard eingezogen und als Patroullien-Schiff eingesetzt. Nach Kriegsende wurde es wieder verkauft. Der dritte Name der Yacht war GeeGee IV. Nachdem sie mehrmals den Besitzer gewechselt hatte, wurde sie von dem Kanadier Walter Boudreau gekauft und in die Karibik gesegelt. Boudreau taufte sie um in Janeen und unternahm von St. Lucia aus Charterfahrten.

1979 erstand sie der Italiener Alberto Rizzoli. Er ließ die Yacht in der Werft von La Spezia restaurieren. Der Umbau unter der technischen Leitung von Erik Pascoli wurde 1981/82 durchgeführt.

Die Teakdecks sind herrlich weitflächig und bieten nahezu unbegrenzten Platz zum Faulenzen. In den runden, erhöhten Cockpit können die Gäste im Freien essen. Wenn der Tisch abgesenkt ist, bietet er sich, mit Kissen bedeckt, als Liegefläche an.

Unter Deck findet man sich inmitten der altmodischen Eleganz früherer Zeiten. Die Treppen aus Mahagoni mit geschnitzter Balustrade führen zu einem Korridor und in einen geräumigen Hauptsalon.

Hier steht an Backbord ein L-förmiges rotes Ledersofa um einen Couchtisch vor einem offenen Kamin. Das originale Walnußholz an den Wänden wurde wunderschön restauriert. In einem edlen eingebauten Wandschrank stehen einige antike Silberstücke und Pokale, die die Yacht gewonnen hat. An Steuerbord befindet sich der Eßtisch, den die mit rotem Leder gepolsterten Stühle und ein Sofa umgeben.

Die Eignerkabine liegt achtern. An Steuerbord und Backbord sind Kojen eingebaut, zwischen den Kojen steht eine Frisierkommode. Die Möbel sind im Kontrast zu dem Walnußholz der Wände aus hellem Holz, der Raum atmet französisches ländliches Flair. Die Decke ist naturweiß gestrichen, die große Badewanne und das Waschbecken sind mit Mahagoni abgesetzt.

Herreshoff baute die Mariette zum Segeln, und segeln kann sie. Aus den Regatten, an denen sie teilnimmt, geht sie oft als Sieger hervor. Schon über 70 Jahre alt und immer noch quicklebendig!

# My Gail III

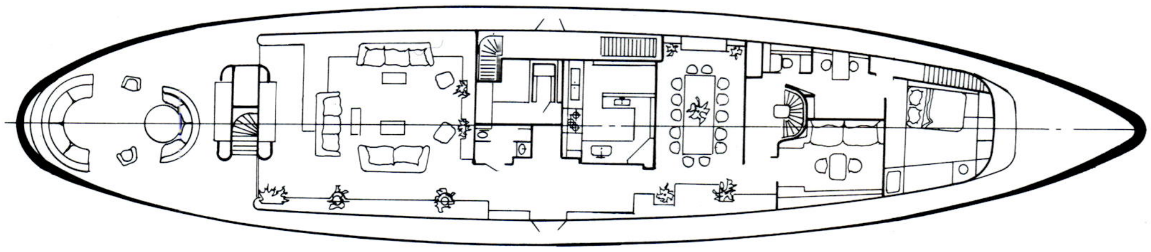

**Typ:** Motoryacht
**LüA:** 57 Meter
**Breite:** 9 Meter
**Tiefgang:** 3,2 Meter
**Designers:** Jon Bannenberg: styling and interior; Diana Yacht Design: Rumpf und Styling
**Bauwerft:** Amels BV, Holland
**Baujahr:** 1985
**Rumpfmaterial:** Stahl
**Motorisierung:** 3 98-KVA Volvo Penta

JON BANNENBERG

JON BANNENBERG

*My Gail III* ist eine eindrucksvolle Yacht. Diana Yacht Design war mit dem Entwurf der Schiffsform und dem Maschinen Layout beauftragt, Jon Bannenberg zeichnet verantwortlich für das äußere Styling und die Innengestaltung. Die komplexen Formen und knappen, geschwungenen Linien wurden bei der Amels Schiffswerft meisterhaft konstruiert. Die My Gail III ist sowohl technisch als auch stilistisch vollendet.

Auf dem Hauptdeck befindet sich ein sehr großer Gesellschaftsalon, der mit einigen außergewöhnlichen Finessen ausstaffiert ist. Dazu gehört eine high tech Hi-Fi-Anlage, die in alle Räume an Bord angeschlossen ist und von einem Infrarot Fernsteuerungssystem geschaltet wird. Das Bild über dem Kamin läßt sich elektronisch wegschieben, um einen 26 inch großen Fernsehschirm freizugeben. Ein Korridor mit Marmorboden führt in das Speisezimmer. In den Eßtisch aus braunem Marmor sind Lautsprecher und Lampen eingebaut. Der Arbeitsraum des Eigners, der Funkraum, die Kabine mit Wohnraum und kleiner Küche für den Kapitän sind ebenfalls auf diesem Deck installiert.

Auf dem Top-Deck liegt der Privatsalon des Eigners. Er ist möbliert mit vier Sofas, die um einen Couchtisch gruppiert sind. Auf Knopfdruck läßt sich der Couchtisch auf Eßtisch-Höhe regulieren, die Sofas gleiten zusammen und bilden einen geschlossenen Kreis unterhalb eines Oberlichtes, das einen Blick auf den oberhalb liegenden Mast freigibt. Über einen Parkettboden aus Eiche gelangt man in die vorne liegende Eignerkabine, die sich über die gesamte Schiffsbreite erstreckt. Große Fenster an beiden Seiten lassen den ohnehin großzügigen Raum noch weiträumiger erscheinen. Natürlich fehlt auch nicht der obligatorische Whirlpool in doppelter Größe, verkleidet mit Marmor.

Achtern vom Salon auf dem Top-Deck aus gesehen ist das Schiffsdeck. Die Treppen an Steuerbord und Backbord führen zum privaten Sonnendeck des Eigners.

In den kaminförmigen Aufbau auf dem Oberdeck ist eine Dusche, ein Badezimmer, eine Bar und ein großer Stauraum für nicht benötigte Matratzen eingebaut. Unterhalb des vorderen Radarmastes, an einem Ende des Aufbaus, ist ein großes Jacuzzi-Bad in den Boden eingelassen.

So üppig und großzügig diese Yacht für ihren Eigner gestaltet wurde, so luxuriös ist sie auch für die Crew. Im Gegensatz zu den meisten Yachten, wo üblicherweise die Gästezimmer im unteren Deck achtern liegen, wurden auf diesem Schiff hier die Quartiere der Mannschaft untergebracht. Die Besatzung der My Gail III darf sich rühmen, die besten Mannschaftskabinen aller Yachten bewohnen zu können!

JON BANNENBERG

JON BANNENBERG

JON BANNENBERG

# Nabila

*Nabila* überragt die berühmtesten heutigen Megayachten bei weitem. Ihr Besitzer ist der arabische Geschäftsmann Adnan Khashoggi, die Yacht trägt den Namen seiner Tochter. Der Name bedeutet soviel wie ›adlig‹, und wahrhaftig königlich beherrscht die Yacht ihre Umgebung, ganz gleich, in welchem Hafen sie sich auch befindet. Ihre äußere Form, gestaltet von Jon Bannenberg, dessen Handschrift zu erkennen ist an den geschwungenen Aufbauten, dem schlanken, langen Rumpf und bronze reflektierenden Fenstern, ist modern und zweckmäßig. Das strenge Äußere steht in starkem Kontrast zu der opulenten Innenausstattung.

Die Yacht, die kaum mehr als Freizeityacht zu bezeichnen ist, wird intensiv für Geschäfte und gesellschaftliches Leben genutzt. Wie der Skipper sagt: »Die Nabila ist nicht bloß eine Yacht, sie ist ein Schiff.« Die Reichweite des Schiffes ist unbegrenzt, es ist weltweit unterwegs. Als Beispiel, wie seetüchtig und stabil die Nabila ist, erzählt der Skipper enthusiastisch von einer schrecklichen Sturmfahrt während einer Reise zum Indischen Ozean. Die Navigationssysteme höchsten Standards und die elektronische Ausrüstung können es mit jedem Zerstörer der Marine aufnehmen. Die drei Uhren im Funkraum zeigen die Zeit von Riyad, New York und Rom an, wie es die internationalen Geschäfte erfordern. Per Satellitenkommunikation führt Khashoggi ein leistungsstarkes, zentrales Büro, ohne seine Geschäfte vernachlässigen zu müssen. Wenn die Yacht nicht in Porto Banus oder Palma ist, befindet sie sich wahrscheinlich in ihrem Privatdock in Antibes, wo sie, etwas abseits der restlichen Flotte der Welt, aufgeslippt liegt. Sechs Telefonleitungen und annähernd 280 Telefonapparate stellen sicher, daß sich niemand an Bord isoliert fühlen muß. Obwohl Nabila eine unabhängige Insel ist, bleibt sie hautnah mit der Zivilisation in Verbindung, liegt doch das Festland nur einen Hubschrauberflug entfernt. Das Interieur der Yacht gestaltete der Italiener Luigi Sturcchio. Im Gegensatz zu den strengen äußeren Schiffslinien sind die Räume alle in geschwungenen, abgerundeten Linien ausgestattet. Im ungeheuer großen Hauptsalon gruppieren sich viele gemütliche Polstergarnituren, die sowohl für kleinere als auch für große Gesprächsgruppen Platz bieten. Auf gleicher Höhe des Hauptdecks liegt ein intimes, privates Speisezimmer für die Familie oder kleine Freundesgruppen. Zu Gesellschaften, Parties und großen Diners begibt man sich auf das obere Deck, wo sich auch die Diskothek, und auf dem Achterdeck der Gesellschaftsraum befindet.

Die Diskothek hält jedem exclusiven Club in den Hauptstädten der Welt Stand. Äußerst dekorativ wirken die mitternachtsblaue Seide und Goldlame-Kissen auf den drei im Kreis geordneten Couchgruppierungen. Ein Mosaik aus Marmor und Metall bedeckt den Boden, die Decke ist tief schwarz glanzlackiert und golden gesprenkelt.

Musik und Lichtershow wird gesteuert von einem Disk Jockey-Pult mit einer Plexiglaskugel und einer Schalttafel an der Wand. Wenn es beim Tanzen zu heiß wird, kann frische Luft durch die Türen hereingelassen werden, die zu einer Lounge auf dem Achterdeck hinausführen.

Für jene, die sich eine ruhigere Unterhaltung wünschen, steht ein kleines Kino zur Verfügung. Vor der Leinwand stehen sieben kleine Sofas bereit, bedeckt mit vielen Kashmirdecken, in die man sich während der Vorführung seines

MIT FREUNDLICHER GENEHMIGUNG VON MR. BENETTI

Lieblingsfilmes einkuscheln kann. Bei einer Filmauswahl von über 1500 Filmen wird wohl für jeden Geschmack etwas dabei sein.

Die Gästesuiten sind so entzückend und so intim, daß man sie, einmal bezogen, am liebsten nie wieder verlassen möchte. Die Wohnräume wurden nach kostbaren Steinen und Metallen benannt. Es gibt den goldenen Raum, den silbernen Raum, die Saphir-, Korallen-, Lapsis-, Diamanten-, Rubin-, Smaragd- und Topassuite. Jeder Raum ist farblich passend zu seinem Namen eingerichtet. Die Rubin-Suite mit weiß lackierten Wänden, roten Vorhängen und bonbonfarben gestreiften Liegen kombiniert spielerische feminine Phantasie mit Strenge. Das Bett, dessen Kopf- und Fußende nach innen abgerundet ist, ziert ein Bettüberwurf aus Luchsfell und Satinkissen mit applizierten roten Blumen. Ein wirkungsvoll drapierter Vorhang umschließt wie bei einem Harem die luxuriöse Schlafstätte. Über dem Bett hängt ein runder Spiegel. Rot-weiße Sockel tragen eine Schreibtischplatte aus Glas, das Fernsehgerät und die Video-Stereoanlage sind in einer rot-weißen Konsole, gegenüber der L-förmigen Couch, eingebaut. Alle Wände sind entweder mit weiß lackiertem Holz oder mit weichem Leder verkleidet. Das Badezimmer der Rubin-Suite ist mit rosa gesprenkeltem Marmor, einer L-förmigen Badewanne

**Typ:** Motoryacht
**LüA:** 85,9 Meter
**Breite:** 30,2 Meter
**Tiefgang:** 6 Meter
**LWL:** 73 Meter
**Verdrängung:** 1728 Tonnen ohne Hubschrauber
**Außendesigner:** Jon Bannenberg
**Innendesigner:** Luigi Sturcchio
**Bauwerft:** Benetti
**Baujahr:** 1980
**Rumpfmaterial:** Stahl
**Motorisierung:** 2/3000 PS
**Geschwindigkeit:** 17–18 Knoten

und einer zylindrischen Plexiglas-Dusche mit Spritzdüsen, die aus verschiedenen Richtungen sprühen, ausgestattet.

Die Wände der Smaragd-Suite sind mit gepolsterten Wandteilen aus grünem Leder unterbrochen. Separat vom komfortablen Wohnraum steht ein King Size Bett, abgeteilt von einem eingebauten Unterhaltungs-Center (das Fernsehgerät kann sowohl zum Bett als auch zur Couch hin gedreht werden). Alles läßt sich per Knopfdruck bedienen, von den Vorhängen, der Beleuchtung, dem Fernsehgerät bis hin zum Beordern der Zofe oder des Kammerdieners. Das Badezimmer der Smaragd-Suite hat goldene Armaturen, der Boden und die Beckenablagen sind aus grünem Marmor. Selbst die Bademäntel, die für Sie und Ihn bereit liegen, passen zum Dekor.

Neben den zahlreichen Gästesuiten gibt es einen privaten Flügel für die Familie, einschließlich eines privaten Sonnendecks und eines kleinen Schwimmbades. Außerdem befindet sich an Bord eine Klinik und ein Operationssaal.

Liegt die Nabila vor Anker, können sich die Gäste mit fünf Schnellbooten, zwei Rivas, einem Admiral-Feststoffboot und zwei Boston Whalers amüsieren.

Wenn vom Film die Rede ist, darf man auch nicht vergessen zu erwähnen, daß die Nabila in dem Film ›Never say never‹ eine kleine Rolle innehatte.

Dafür, daß das Schiff fortwährend gefahren wird, ist es in makellosem Zustand, aber immerhin ist eine 50 Mann starke Besatzung rund um die Uhr im Einsatz.

COMPLIMENTS OF JON BANNENBERG

# Nahema

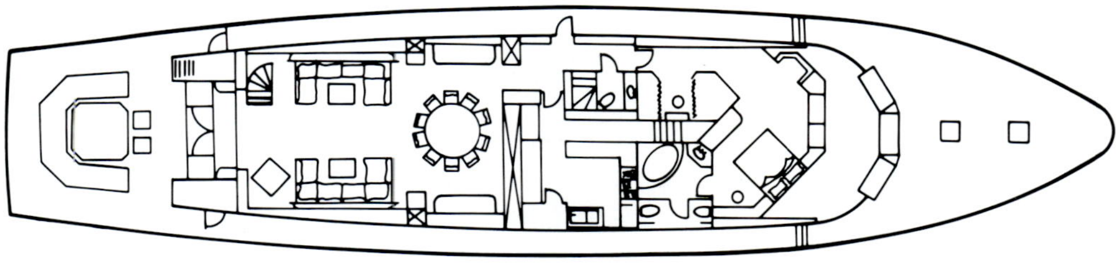

**Typ:** Motoryacht
**LüA:** 36,5 Meter
**Breite:** 7,5 Meter
**Designer:** Jon Bannenberg
**Bauwerft:** U. N. A. L. E. Shipyard, Barcelona/Spanien
**Baujahr:** 1980
**Rumpfmaterial:** Stahl
**Motorisierung:** Doppel GM Diesel
**Max.-Geschwindigkeit:** 15 Knoten

MIKE MEADE

*Nahema* lief 1980 bei der U. N. A. L. E. Werft vom Stapel. Jon Bannenberg (auf dem Bild unten) entwarf das Schiff mit der Zielsetzung, eine zweckmäßige, moderne und komfortable Yacht zu gestalten. Der Hauptsalon und Eßzimmerbereich ist neutral in Beige-Tönen gehalten. Einziger Farbkontrast dazu ist ein roter Streifen in dem eigens für das Schiff gefertigten Teppich, dazu rot gepolsterte Stühle rund um den Tisch. Große Fensterflächen an beiden Seiten lassen den Salon sehr hell und licht erscheinen. Das gedämpfte Licht der Dämmerung taucht den Raum in weiche, sanfte Farben. Auf dem Achterdeck befindet sich ein großer Speiseraum.

Zu den weiteren Räumlichkeiten gehören vier Doppel-Gästekabinen im unteren Deck und eine Eignerkabine im Vorschiff auf dem Hauptdeck. Eine gesteppte Wandverkleidung ziert die Wand hinter dem King Size Bett in der Eigner-Kabine. Ein kleines Sofa, farblich passend zum Bettüberwurf, lädt zum Sitzen ein. Auch hier dominiert die Farbe Beige, doch mit Blau akzentuiert. Auf dem Top-Deck ist das Navigationszentrum, die Kabine des Kapitäns und ein Sonnendeck. Rechts und links der Steueranlage sind kleine Sofas auf einer mit grauem Leder gepolsterten Konsole eingebaut.

Die Nahema ist eine Yacht mit schlichter Eleganz und Gediegenheit.

MIKE MEADE

MIKE MEADE

MIKE MEADE

MIKE MEADE

# New Horizon L

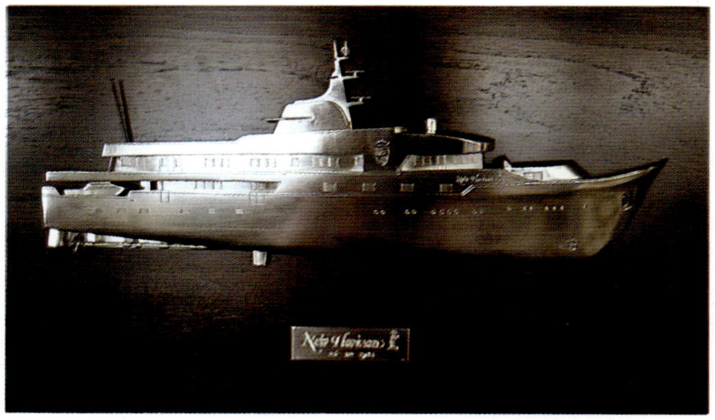

**Typ:** Motoryacht
**LüA:** 59,95 Meter
**Breite:** 9,7 Meter
**Tiefgang:** 3,96 Meter
**Styling:** Jon Bannenberg
**Innendesigner:** Luigi Sturcchio
**Bauwerft:** C. Van Lent & Zonen, Feadship
**Konstrukteur:** Frits de Voogt
**Tonnage:** 889 BRT
**Motorisierung:** 2 × MTU 12 Zylinder, 2 × 3000 PS
**Baujahr:** 1983
**Rumpfmaterial:** Stahl
**Reisegeschwindigkeit:** 15,4 Knoten
**Max.-Geschwindigkeit:** 18 Knoten

*New Horizon L* stellt üppigen Wohlstand zur Schau. Sie ist die Kreation und das Heim des Prinzen Leon of Lignac, einem schottischen Geschäftsmann. Da der Prinz schon mehrere Yachten besessen hat, ist er ein Kenner der Materie. Als Resumeé seiner Erfahrungen sollte diese Yacht das Beste vom Besten sein. Um das Nonplusultra zu erreichen, bediente er sich eines Teams dreier Top-Firmen in der Yacht-Industrie: Frits de Voogt als Schiffskonstrukteur, Jon Bannenberg als Stylisten und Luigi Sturcchio als Innen-Designer. Die New Horizon L wurde in der Feadship-Werft von Van Lent & Zonen gebaut. Der Bau einer Megayacht ist immer ein aufwendiges Projekt, aber die New Horizon L erforderte ein ganz besonderes Maß an Leistung, was die Koordination betraf. Mit Sturcchio als Designer wurden viele Einrichtungsgegenstände stückweise in kleinen, italienischen Werkstätten gefertigt, die spezialisiert sind auf edle Holzarbeiten, Marmor, Onyx und Lackiertechniken. Die Gegenstände, die in diesen Werkstätten entworfen wurden, mußten dort vollständig komplettiert und danach wieder auseinandergenommen und für den Transport nach Holland aufwendig verpackt werden. Container um Container kam in der Feadship-Werft an, über 20000 Pakete aus der ganzen Welt, von Handtuchhaltern über lackierte Wandpaneele bis hin zu Badewannen aus Marmor. Die funktionellen und dekorativen Details auf der New Horizon L sind umwerfend.

Das Leben an Bord der New Horizon L entspricht genau den märchenhaften Vorstellungen über königliche Hoheiten. Wo sonst findet sich ein Chinchilla-Bettüberwurf auf einem King Size Bett, eine runde Lapis Lazuli-Badewanne und Armaturen aus 24karätigem Gold? Das Hauptkonzept von Luigi Sturcchio war, Schlichtheit mit außergewöhnlichen Materialien zu verbinden. Schlichtheit im Sinne von Sturcchio bedeutet offensichtlich weiß lackierte Wände, Decken aus weißem Ziegenleder, in Gold eingefaßt, Kristallspiegel und üppiger Marmor.

Messingteile sind ja ein typischer Bestandteil traditioneller Yachten, doch wenn die Balustraden und Geländer vergoldet sind, haben sie den zusätzlichen Vorteil, daß das lästige tägliche Polieren entfällt. Um den völlig weißen Hintergrund in der Yacht vollendet darzustellen, entwarf Sturcchio Teppiche für jeden Salon und jede Suite, deren eingewobenen Linien den Formen und Rundungen der Möbel folgen. Die Teppiche wurden in Amerika computergefertigt in einer Breite von 30 Fuß. Die Teppichrollen waren so riesig, mit einem Gewicht von 14000 Kilo, daß das Fährschiff in Kaag bei der Auslieferung Schwierigkeiten bekam. Zehn Männer wurden benötigt, um die Rollen an Bord zu tragen, fünf Teppichverleger von Fields in New York waren damit beschäftigt, den Teppich am Stück für die drei Suiten, jede mit einem Vorraum, einem Bad und dazwischen liegendem Korridor, zurechtzuschneiden. Der Prinz

NATIONAL PHOTO PERSBUREAU

ist sehr stolz auf diese nahtlosen Teppiche und ihre harmonische Farbabstimmung zur Einrichtung.

Zahlreiche Schaustücke im Korridor, im Speisezimmer und in den Suiten zeigen die Werte der gesammelten Kunstobjekte der Eigner, viele stammen aus dem Orient. Besonders bemerkenswert sind die großen Thai-Statuen. Alle Kunstgegenstände und Plastiken sind üppig mit Edelsteinen besetzt, insbesondere der Elefant, den Smaragde, Topase, Rubine und andere Edelsteine schmücken.

Die New Horizon L hat fünf Stockwerke: auf dem Top befindet sich der Hubschrauber-Platz und das Sonnendeck. Obwohl ein Hubschrauber-Platz vorhanden ist, fehlt ein bordeigener Hubschrauber. Der Eigner ist der Ansicht, daß die Nachteile eines Hubschraubers seine Vorteile überwiegen, daher mietet er sich einfach einen bei Bedarf. Das zweite Deck ist für Gesellschaften und zur Unterhaltung eingerichtet mit Terrasse, großem Salon, Bar und Steuerhaus. Im dritten Deck, dem Hauptdeck, liegen zwei Eingangshallen, eine Galerie, das Speisezimmer und das Eigner-Appartement. Das vierte und untere Deck beherbergt achtern eine zweite Eigner-Suite, drei Gästeräume, den Maschinenraum in der Mitte des Schiffes, und im vorderen Bereich die Unterkünfte für das Personal und die Crew. In der letzten Etage liegen die Tanks und Stauräume.

Vor dem Appartement des Eigners erstreckt sich ein 20 Meter langer Korridor. Einlegearbeiten aus Perlmutt, die Drachen darstellen, schmücken die koreanischen Türen zu diesen Räumen. Hinter diesen Türen liegt der Arbeitsraum des Eigners. Gegenüber dem Schreibtisch ist ein großes Bilderfenster, in den Schreibtischschubladen versteckt sich raffiniert ein Computer und eine Schreibmaschine. Das Bücherregal mit Glasfront, das vom Boden bis zur Decke reicht, ist mit Kunstgegenständen und Büchern bestückt. Lapis Lazuli betont den Sockel des Schreibtisches und der Schränke im Arbeitszimmer. Hinter dem Schreibtisch befindet sich ein Empfangsraum, den ein geschwungenes kleines Sofa und ein Portrait von Lion of Lignac an der Wand ziert. Vom Arbeitszimmer aus gelangt man in das Schlafzimmer. Wandverkleidungen mit Perlmutt-Einlegearbeiten bedecken die Wände neben dem Bett. Zwei Buddha-Statuen thronen über dem Bett, vielleicht um den unglaublichen Chinchilla-Bettüberwurf zu bewachen. Das weiträumige Badezimmer ist in den Schlafraum integriert. Lapis Lazuli gibt hier den

Ton an. Selbst die Tissue-Box und die Griffe des Rasierapparates und der Zahnbürste sind aus Lapis! Aus einer weißen Marmorquelle sprudelt Wasser in die Lapis-Badewanne. Die vergoldeten Armaturen wurden von Sherle Wagner entworfen.

Eine Treppe mit goldenem Geländer führt in das untere Deck und in die Gäste-Suiten. Die moderne Suite, schwarz und weiß, ist bestückt mit einer Badewanne, die aus einem Stück Marmor, der aus Pakistan stammt, gearbeitet ist. Die japanische Suite schimmert in Gold-, Blaßgelb- und Blaßgrün-Tönen und ist natürlich mit japanischen Kunstgegenständen dekoriert. Die chinesische Suite hat goldene und grau-blaue Farbtöne, die schmückende Ausstattung steht in bezug zum Namen des Raumes. In allen Suiten stehen Glasvitrinen mit unzählbaren Schätzen.

Die zweite Eigner-Suite, pfirsich- und cremefarben, ist optisch in drei Bereiche aufgeteilt: eine Sitzecke, ein Schlafraum mit King Size-Bett, verschwenderisch mit atemberaubendem Nerz bedeckt, und ein Badezimmer ganz aus weißem Marmor, der mit goldgesprenkeltem Marmor und vergoldeten Armaturen abgesetzt ist.

Die Decke des großen Salons wird von einem kunstvollen Mosaik aus Marmorsteinen gebildet. Die zwei Springbrunnen sind aus einem Marmorblock geschaffen. Daunengefüllte, mit weißer Seide bezogene, komfortable Sofas stehen im Kontrast zu zwei Ottomanen, die mit schwarz-weißer Seide überzogen sind. Drei große Fenster bieten freien Blick auf das Meer.

Der große Salon führt zu einem Eßbereich an Deck, der überdacht und seitlich von Plexiglas-Windscheiben geschützt ist, so daß ein Aufenthalt im Freien bei jedem Wetter möglich ist. Wunderschön geschnitzte Sofas bilden einen Bestandteil des Decks. Der runde Eßtisch ist aus Marmor, dazu gehören aus Weide geflochtene Stühle mit pastellfarben gestreiften Kissen. An der Decke über dem Tisch ist ein Spiegel befestigt, der den Blickwinkel auf das Meer vergrößert. Dieser Bereich ist weniger formell gestaltet wie die anderen Räumlichkeiten.

Eine Stammbesatzung von 27 Mann lebt an Bord, außerdem stehen den Gästen mehrere Stewards zur Verfügung. Jeder Gast an Bord der New Horizon L wird wie in einem der allerbesten First Class Hotels der Welt bedient. Für alles, was der Mensch sich nur wünschen könnte, ist gesorgt: lackierte Dosen mit Snacks, Getränke zur Aufmunterung in jeder Suite, Badekleidung und Slippers stehen bereit. Während der Gast seinen Begrüßungsdrink einnimmt, werden seine Kleider ausgepackt und gebügelt. Natürlich fehlt in keiner Suite ein komplettes Unterhaltungs-Center.

Die New Horizon L ist wie ein Linienschiff komplett ausgerüstet. Weltweite Kommunikation ist rund um die Uhr möglich. Sie verfügt sogar über einen eigenen Liegeplatz in Cannes, der wegen ihrer Größe eigens für sie gebaut wurde. Einen weiteren festen Liegeplatz hat sie in Palma. In Fort Lauderdale ist ein Langzeit-Liegeplatz für sie gemietet.

Die New Horizon L unternimmt ausgedehnte Reisen, aber ihr Eigner bleibt häufig an Bord und genießt die vorbeiziehende Szenerie von seinem komfortablen Wohnraum aus. Warum auch sollte er sein Schiff verlassen?

*New Horizon L*

# Night Crossing

**Typ:** Motoryacht
**LüA:** 33,5 Meter
**Breite:** 7,6 Meter
**Tiefgang:** 2,3 Meter
**Designer:** Benetti Yachts
**Bauwerft:** Lloyds Ships of Australia
**Baujahr:** 1985
**Rumpfmaterial:** Stahl
**Motorisierung:** MTU Doppelmotoren 8V396TB 82's, 845 PS, Diesel mit MTU BW255
**Geschwindigkeit:** 14 Knoten bei 1650 U/min

*Night Crossing* ist das Musterexemplar für einen neuen Trend im Yacht-Design, ein Design, bei dem traditionelle nautische Motive vollständig entfallen. Roy Sklarin, Präsident von Star Designs und Yacht Sales in Fort Lauderdale, ist mit Lloyds Ships Holding PTY Ltd. in Brisbane, Australien, als der führende Designer für Innenausstattungen verbunden. Die Night Crossing ist Sklarin's persönliche Yacht und sein Schaustück. Der Name der Yacht wurde einem Film entnommen, und sie ist tatsächlich ein Filmstar. Als schönste Yacht wurde sie bei der Internationalen Boatshow in Fort Lauderdale 1985 ausgezeichnet. Winter 1986 spielte sie eine Rolle in der populären amerikanischen Fernseh-Serie Miami Vice.

Die Inneneinrichtung der Night Crossing ist ein einzigartiges, schwimmendes Stück Kunst. Die Farben Schwarz und Creme wurden intensiv in Verbindung mit einer betäubenden Kombination von geschliffenem Glas, Spiegeln und anodisiertem Messing, das nicht anläuft, eingesetzt. Die Beleuchtung im ganzen Schiff ist indirekt, die Wände sind mit cremefarbener Seide bespannt, Seidenblumen und verschiedenartige Kunstobjekte bilden das Dekor. Das obere Deck ist von einem verspiegelten Foyer auf dem Hauptdeck aus über eine verspiegelte Rundtreppe zugänglich. Schwarzes Belag aus Gummi bedeckt den Fußboden. Im Steuerhaus ist eine Konsole aus hellgrauem Leder, mit schwarzen Steppkanten abgesetzt, eingebaut. Eine dazu passende Sitzbank steht im hinteren Teil. Von hier aus hat man einen großartigen Rundblick, und genauso großartig ist die mit modernster Technik versehene Navigationsausrüstung.

Achtern vom Steuerhaus liegt eine kleine Servierküche, die, wie eine weitere Küche, durch einen Aufzug von der Hauptküche aus bedient wird. Hinter diesem Bereich liegt die ›sky lounge‹, überwiegend in Schwarz und Creme gehalten. Die Bar zieren Messing-Einlegearbeiten und ein beleuchteter Pfosten an einem Ende, der ebenfalls mit Messing verziert ist. Gegenüber steht eine cremefarbene Couch und ein Couchtisch aus Glas. Diese Lounge öffnet sich hin zum Schiffsdeck, wo nach Belieben die Mahlzeiten unter freiem Himmel eingenommen werden können. Zusätzlichen Raum für geselliges Beisammensein oder zum Sonnenbaden bietet das Sonnendeck oberhalb des Schiffsdecks.

Auf dem Hauptdeck erstreckt sich nach vorne über die gesamte Schiffsbreite die Eignerkabine. Das King Size Bett ist in eine freistehende Verkleidung aus Acrylglas eingefügt, die Rückwand des Bettes ist verspiegelt und mit Glasgravuren, die beleuchtet sind, umrahmt. Auf jeder Bettseite steht ein Nachttisch aus Messing und Aluminium. Ein eingebauter schwarzer Schrank gegenüber des Bettes ist so groß wie die Wand. Er bietet viel Stauraum und ein integriertes Unterhaltungs-Center. Das Badezimmer für Sie und Ihn, von jeder Seite des Bettes aus zugänglich, ist mit wunderschönem Marmor ausgestattet.

Achtern von der Eignerkabine ist eine zweite kleine Servierküche, die mit der Hauptküche im unteren Deck und der kleinen Küche auf dem Oberdeck durch einen kleinen Aufzug verbunden ist.

Der Hauptsalon mißt rund elf Mal sechseinhalb Meter. Die Decke ist dreifach abgestuft, eine Deckenstufe ist mit cremefarbenem Glimmer, die zweite mit schwarzem Glimmer und die dritte mit anodisiertem Messing und Alumi-

MIT FREUNDLICHER GENEHMIGUNG VON ADLER NETWORK, FT. LAUDERDALE, FL.

nium gestaltet. In jeder Deckenstufe verlaufen rechtwinklige Lichterröhren. Die vordere Wand des Salons zeigt ein spektakuläres Panorama der New Yorker Skyline. Das mit Neonlicht beleuchtete Wandbild kann durch drei verschiedene Beleuchtungsmöglichkeiten verändert werden. Zur Darstellung eines Sonnenuntergangs wird das Licht des Himmels gedämpft und schließlich ganz ausgeschaltet. Die zweite Schaltung gilt den Lichtern, die aus den Fenstern der Gebäude strahlen. Die dritte Schaltung beleuchtet die Brooklyn Bridge mit blauen Lampen. Das Schiff, das unter der Brücke durchfährt, ist eine genaue Abbildung der Night Crossing, die in das Glas eingraviert ist. Ein beleuchteter Sockel aus Acrylglas trägt die Glastischplatte des Tisches im Speisesalon. Im Wohnbereich des Hauptsalons steht ein großes, halbrund zusammengestelltes, in Streifen aus Ziegenwildleder abgesetztes Sofa. Gegenüber, an der anderen Seite des Raumes, ist das passende Gegenstück. Beide Sofas wurden von Desede, Schweiz, kreiiert. Zu jedem Sofa gehört ein Cocktailtisch aus Glas. Die Fenster sind von mattschwarzen Lamellen-Rollos umgeben. Außerhalb des Hauptsalons liegt, abgeteilt durch große Schiebetüren aus Glas, das Achterdeck, das mit schwarzen Weidenmöbeln eingerichtet ist.

Art Deco bestimmt den Stil der Night Crossing. Die Yacht in schwarz und creme ist bestimmt eine der effektvollsten Yachten, die es heutzutage gibt.

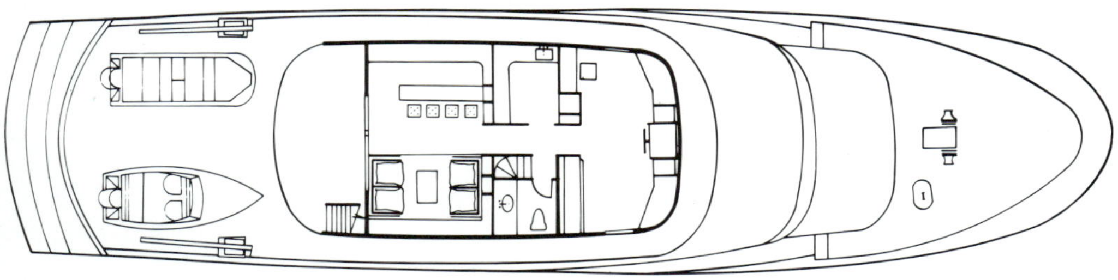

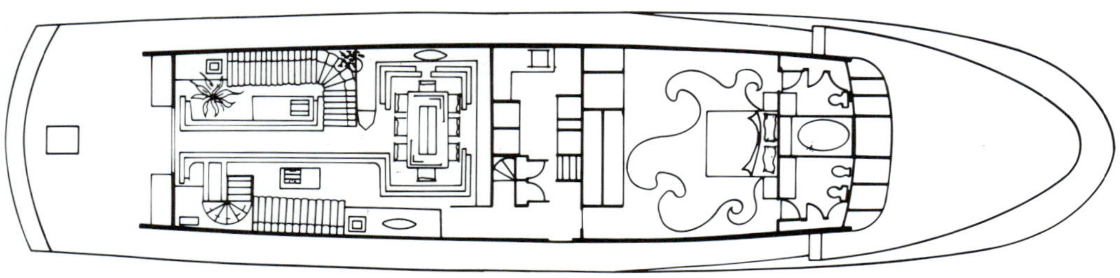

# Anmerkungen des Designers

Es waren verschiedene Faktoren, die zu meiner Entwicklung vom Wohnraum- und Industrie-Designer zum Yacht-Designer beitrugen, doch der entscheidendste Punkt war mein unersättliches Interesse am Segeln, verbunden mit dem Wunsch, meine Kreativität auszudehnen.

Mein erstes Projekt war eine 58-Fuß Hatteras. Ich hatte gerade einen Industrie-Entwurf für eine bestimmte Firma fertiggestellt, als ich von dieser gebeten wurde, den Entwurf für eine firmeneigene Yacht anzufertigen. Seitdem habe ich mich auf Yacht-Designs konzentriert. Diese Tätigkeit finde ich viel anregender und vielseitiger als Wohnraum- und Industrie-Design.

Im wesentlichen sind meine Klienten für Yachten die selben wie früher. Es sind im allgemeinen Leute zwischen 30 und 50 Jahren, die geschäftlich außerordentlich erfolgreich waren und Schritt gehalten haben mit der Entwicklung des Designs der neuen Zeit. Sie haben ein modernes Geschmacksgefühl entwickelt, das sich stark unterscheidet von dem vieler Leute, die Geld geerbt haben und eher einen traditionellen Lebensstil bevorzugen. Mit anderen Worten: Meine Kunden sind aktiv, nicht passiv.

Segeln ist so faszinierend! Segeln bietet die Möglichkeit, den eigenen Lebensraum an einen beliebigen Ort der Welt zu verlegen. Dieser Lebensraum sollte charakteristisch für den Stil des Einzelnen, der Firma oder der AG sein. Es gibt keinen Grund, warum eine Yacht nicht ebenso elegant oder extravagant sein sollte, wie die Wohnung des Klienten in Paris oder New York... Und hier liegt die Herausforderung an den Designer.

Meiner Meinung nach wurden in den Ozeandampfern der 20er und 30er Jahre die besten Schiffsentwürfe verwirklicht. Damals legte man größten Wert auf Großartigkeit und Luxus. Der Gedanke daran, was jeder Quadratmeter Raum an Geld einbringen könnte, war zweitrangig. Das Ergebnis waren phantastische Räume, die den Schiffspassagieren ein wirklich elegantes Ambiente boten.

In diesem Sinne sehe ich meine Aufgabe als Architekt für Yachten. Ich möchte eine Aura des Luxus schaffen, eine vielschichtige Illusion, wo Kunst ein Teil des Raumes wird, wo neue Materialien verwendet werden, und wo Seefahrt mit ultimativer Eleganz in einer glücklichen Verbindung kulminiert.

Yachtinterieurs haben sich im Grunde genommen von traditioneller Langeweile weiterentwickelt zu vollgestopften Zellen. Sie sind zwar etwas geschmeidiger, wie man hauptsächlich bei europäischen Booten sehen kann. Ich ziehe eine zeitgemäßere Art vor, die ich durch eine Verbindung von Art Deco, modernen Materialien und Konzepten erreiche.

Der Stil eines Designers sollte konsequent und sein Werk mit ihm identifizierbar sein, gleichzeitig aber muß jedes Projekt wieder Einmaligkeit ausstrahlen. Ich zum Beispiel bin bekannt geworden für meine Schwarz-Weiß-Interieurs. Jedoch arbeite ich weiterhin in allen Farbzusammenstellungen. Die Yacht ›Regina‹, für die ich einen Preis gewann, hat eine Einrichtung in Grau-Burgunderrot. Ich wehre mich dagegen, Extremismus als Gipfel des guten Geschmacks zu beurteilen, und ich glaube, daß Originalität erreicht werden kann, ohne zu übertreiben.

Viele meiner Kunden fühlen sich stark angezogen von den Schwarz-Weiß-Interieurs, die sie in die ›Avant Guard 10‹, der ›Southland‹ und natürlich in der ›Night Crossing‹ gesehen haben. Obwohl jede dieser Yachten einen gemeinsamen Nenner haben, ist doch jede eindeutig anders, je nach den Bedürfnissen des einzelnen Kunden.

Mit dem Wachstum meines Geschäfts im Yacht-Design wuchs auch die Größe der Yachten, die mir zur Ausstattung anvertraut wurden. ›Night Crossing‹ war der Höhepunkt eines intensiven Versuches, eine doch ziemlich alltägliche Yacht in ein atemberaubendes Meisterstück zu verwandeln.

Wo immer sie auftaucht, erweckt die ›Night Crossing‹ Aufmerksamkeit. Sie ist ein wichtiger Schritt meiner Entwurfs-Konzepte hin zur Klasse der Megayachten.

*Roy Sklarin*

KARF FRANCETIC

# Nordwind

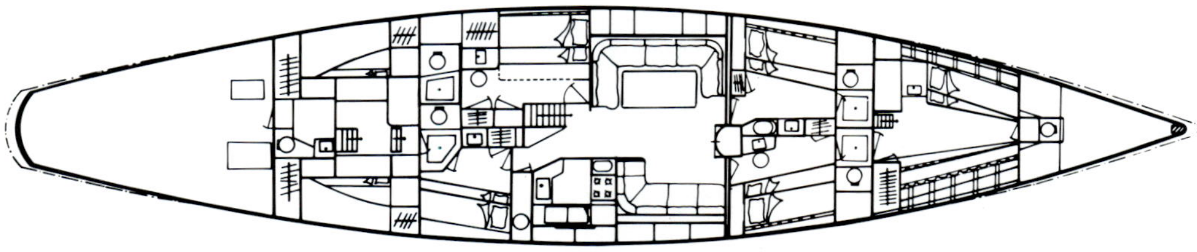

**Typ:** Yawl
**LüA:** 26,08 Meter
**LWL:** 18,20 Meter
**Breite:** 5,2 Meter
**Tiefgang:** 3,5 Meter
**Bauwerft:** Burmester, Bremen-Burg
**Rumpfmaterial:** Holz
**Baujahr:** 1938/39

*Nordwind* ist eine klassische Yacht aus der Vorkriegszeit. 1938 gaben die Admirale der damaligen Kriegsmarine Donitz und Reeder der Burmester-Werft in Bremen/Burg den Auftrag, zwei Schwesterschiffe zu bauen: die Nordwind und die Ostwind. Die zwei Schiffe wurden als Herausforderungsyachten für internationale Hochseeregatten entworfen. Sie standen der deutschen Marine als Trainingsschiffe zur Verfügung und wurden auch privat genutzt.

1939 nahm die Nordwind zum ersten, und bis jetzt auch zum letzten Mal, am Fastnet-Rennen teil. Nach einem aufregenden Rennen gegen die ›Lafita‹ aus der schottischen Werft Fife gewann sie die Elizabeth McCaw Trophy. Dieser Preis wird der Yacht übergeben, die den Fastnet Rock als erstes Schiff rundet. Als Gesamtsieger des Rennens gewann sie den Erivale Cup. Die Nordwind hatte das Rennen mit einer Rekordzeit von drei Tagen, 16 Stunden und 28 Minuten beendet. Dieser Rekord blieb 25 Jahre lang unangetastet, bis er 1965 von der ›Gitana IV‹ gebrochen wurde.

Nach dem Krieg wurden beide Schiffe, die Nordwind und die Ostwind, von England und Amerika beschlagnahmt. Lord Astor kaufte die Nordwind. Er pflegte die Yacht sorgfältig und segelte sie bis in die 60er Jahre. Nachdem er das Schiff verkauft hatte, geriet es in Vergessenheit und verwahrloste in einem Schuppen bei Plymouth, da sich niemand mehr um sie kümmerte. Erst 1976 erregte die Nordwind erneut Interesse. Zwei Holländer, die sie entdeckt hatten, erstanden das Schiff gerade um den Materialwert, den das Blei in ihrem Kiel darstellte. In der Camper & Nicholson-Werft in Gosport wurden umfangreiche Restaurierungsarbeiten aufgenommen.

Die Mahagoni-Planken am Unterwasserschiff wurden entfernt und mit 66 Millimeter dickem Iroco, das mit einem Millimeter starken Kupferplatten gegen Würmer und Fäulnis abgedeckt wurde, ersetzt. Da die Holzmasten verrottet waren, wurden Aluminium-Masten gesetzt. Doch dann wurde das Projekt den Auftraggebern zu aufwendig, man stellte die Arbeiten ein. Die Nordwind wurde nach Holland geschleppt und in Lemmer an Land gestellt. Ab 1979 ging die Arbeit wieder schrittweise voran. Unter der Leitung von Jan Schoen wurden im Auftrag des jetzigen Besitzers (Northwind N. V., Willemstad, Curacao) die Renovierungs- und Modernisierungsarbeiten von 1981 bis 1983 vorangetrieben. Gerard Dijkstra, der bekannte holländische Einhandsegler und Designer entwarf einen neuen Segelplan und zeichnete den Decksaufbau und die Inneneinrichtung. Die Renovierung war weitgehendst beendet, nachdem im Winter 1981/82 auch die Beplankung oberhalb der Wasserlinie mit Iroco in der Bultjer-Werft in Ditzum an der Nordsee erneuert worden war. Die einzigen Teile, die im Originalzustand verblieben, waren einige Spanten aus Stahl, das Teak-Deck und der Bleikiel. Die Masten wurden in der Huisman-Werft in Vollenhove mit neuen Wanten aus rostfreiem Stahl aufgeriggt. 1982 kam die Nordwind wieder nach Enkhuizen/

Holland, wo letzte Hand angelegt wurde.

Heute ist die Nordwind ein Charterschiff par excellence, das von einer fünfköpfigen Crew betreut wird. Die Wände des Hauptsalons sind mit wunderschön lackiertem, soliden Teakholz getäfelt, in die Wand oberhalb des Eßtisches wurden Geschirrschränke und ein Bücherfach mit Glasfront eingebaut. Das U-förmige Sofa und die gegenüberliegende Couch sind mit luxuriösem, schokoladebraunem Leder bezogen. Das Prachtstück, das beim Betreten des Salons ins Auge sticht, ist die exquisite, eingebaute Bar, die wie die Wände mit dem selben lackierten Teakholz verkleidet ist. Ovale Türdurchgänge an jeder Seite der Bar führen zu zwei Doppelkabinen, von denen jede mit eigenem Wasch- und Toilettenraum ausgestattet ist. Die Küche an der Steuerbordseite des Mittschiffseingangs ist für die Bedingungen einer Seereise gut konzipiert. Der Herd ist kardanisch und quer zur Fahrtrichtung eingebaut, so daß der Koch auch bei Seegang sicher hantieren kann. Zwei weitere Gästekabinen liegen achtern des Hauptsalons. Insgesamt finden auf der Nordwind acht Gäste Platz, zusätzlich zu der fünf Mann starken Crew.

Der Navigationsraum ist über einen separaten Eingang vom Deck aus zugänglich.

Die Nordwind ist eine perfekte Yacht. Sie hat schlanke, rassige Linien und ist schnell. Dank der ertklassig ausgeführten Renovierung ist sie heute möglicherweise besser als jemals zuvor.

# Oceanfast 3000

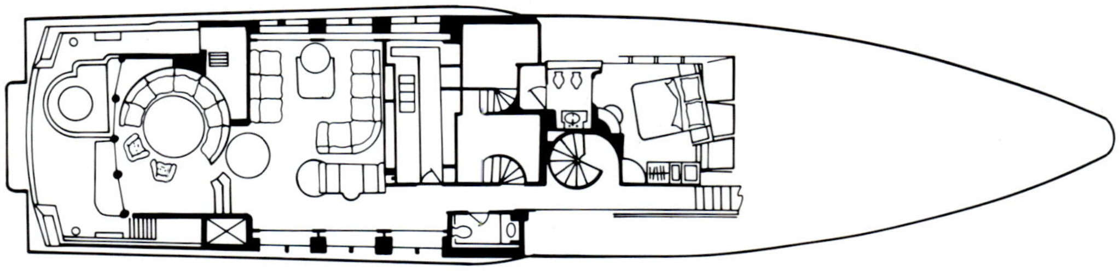

**Typ:** Motoryacht
**LüA:** 33,3 Meter
**LWL:** 29 Meter
**Breite:** 6,98 Meter
**Tiefgang:** 1,8 Meter
**Verdrängung:** 60 Tonnen (leer), 80 Tonnen (beladen)
**Designer:** Styling/Innen Jon Bannenberg
**Bauwerft:** Oceanfast, Australien
**Rumpfmaterial:** Aluminium
**Baujahr:** 1985
**Motorisierung:** 2 × MTU Diesel, 12 Zylinder, 3 96T393; 2 × 1960 PS bei 2100 U/min
**Reisegeschwindigkeit:** 30 Knoten
**Max.-Geschwindigkeit:** 34 Knoten

MIT FREUNDLICHER GENEHMIGUNG VON MR. JON BANNENBERG

*Oceanfast 3000* wurde für die Perth-Werft ›Oceanfast‹ von Jon Bannenberg entworfen. Diese neuartige Konstruktion wird liebevoll auch ›kleiner Sportflitzer‹ genannt. Die radikal futuristische Seitenansicht der Yacht wird von drei großen runden Fenstern geprägt. Diese übergroßen Bullaugen geben dem Inneren des Schiffes eine interessante Dimension, ästhetisch und lichtüberflutet. Das Hauptdeck ist abgestuft und maßgeschneidert. Die eigens für die Yacht gefertigten Teppiche steigern den großzügigen Eindruck der Räumlichkeiten. Man glaubt es kaum, daß die Inneneinrichtung so weich und fließend ist, wenn man das kantige Äußere der Yacht betrachtet.

Die Eignerkabine liegt auf dem Hauptdeck, drei Gästekabinen und die Quartiere der Crew befinden sich im unteren Deck.

Die meisten Kreationen von Bannenberg können im Mittelmeer und in der Karibik bestaunt werden. Das Fahrtenrevier der Oceanfast 3000 erstreckt sich auf die Gewässer um Perth, Adelaide, Sydney und Brisbane. Weitere Yachttypen dieser Art sollen folgen, einschließlich eines 43 Meter langen Flaggschiffes für den Royal Perth Yacht Club. Bannenberg sieht in Australien eine große Zukunft, da dort große, moderne Yachten noch eine Rarität sind.

MIT FREUNDLICHER GENEHMIGUNG VON MR. JON BANNENBERG

MIT FREUNDLICHER GENEHMIGUNG VON MR. JON BANNENBERG

MIT FREUNDLICHER GENEHMIGUNG VON MR. JON BANNENBERG

MIT FREUNDLICHER GENEHMIGUNG VON MR. JON BANNENBERG

MIT FREUNDLICHER GENEHMIGUNG VON MR. JON BANNENBERG

# Orion

*Orion* wurde ursprünglich im Auftrag der spanischen Königsfamilie gebaut. Ihr erster Besitzer war jedoch der englische Lt. Col. Courtencey C.E. Morgan. Er taufte die Yacht auf den Namen Sulvana. Nachdem sie unter zwei weiteren Besitzern über die Meere gefahren war, wurde sie an einen Franzosen verkauft, der die Yacht in ›Pays de France‹ umbenannte. Später fuhr sie unter den Namen ›Diana‹ und ›Vera‹. Ein Spanier gab ihr 1930 den Namen Orion. Insgesamt hatte die Orion zwölf Eigner, fünf Namen und fuhr unter fünf verschiedenen Flaggen. 1966 ging sie in den Besitz von vier Italienern über. Auf einer Reise von Barcelona nach Marseille wurde sie entmastet. Ihre schöne Holztäfelung wurde weiß überstrichen. Nach einem Umbau 1967 segelte sie mit verkürztem Rigg als Stagsegel-Schoner weiter. Weil sich aber danach niemand mehr um sie kümmerte, verwahrloste die Orion immer mehr. Und es kam noch schlimmer; ab 1970 lag die Luxusyacht vier Jahre lang in La Spezia, wo alles, außer dem Piano, ausgebaut wurde.

Zwei italienische Brüder erstanden die Orion 1978. Sie begannen, die Yacht vollständig zu renovieren, was zwei Jahre in Anspruch nahm. Heute ist sie schöner denn je. Die Inneneinrichtung der Orion ist exquisit. Das Deckshaus ist mit pfefferminzgrünen, gepolsterten Sofas, einem antiken Perserteppich und einem äußerst gepflegten Mahagonitisch möbliert. Ein imposanter silberner Champagnerkühler auf dem Tisch symbolisiert den Lebensstil an Bord. Ein Bogendurchgang gewährt Zutritt zum Steuerhaus. Den Hauptsalon zieren Möbel aus dem späten achtzehnten und dem frühen neunzehnten Jahrhundert.

Die Perserteppiche und Original-Ölgemälde wirken nicht deplaziert. Eine venezianische Landkarte, die der Zeit Francesca Guardi's zugeschrieben wird, hängt im Salon über dem Kamin, ein Degas über dem Divan und ein Jan Van de Meer aus dem siebzehnten Jahrhundert runden die Gemäldegalerie ab.

Der Eßtisch wird mit Meissner Porzellan und Sheffield-Tellern gedeckt. Die meisten Möbel der Yacht stammen aus England aus dem frühen neunzehnten Jahrhundert. Die Wände sind mit warmem Walnußholz verkleidet. Es ist kaum zu glauben, daß es jemand gewagt hat, dieses edle Holz zu übermalen.

Im vorderen Schiffsbereich ist die zehnköpfige Crew untergebracht, achtern liegen eine Eignerkabine, zwei Kabinen mit Doppelbetten und zwei Gästekabinen mit Doppelkojen. Eines der Badezimmer ist mit einer Badewanne ausgestattet, die mit Süßwasser und Salzwasser gefüllt werden kann. Man fühlt sich in das Jahr 1946 zurückversetzt, als die spanische Mata-Familie die Yacht besaß und mit der Großmutter segeln ging, die zwar gerne im Meer gebadet hätte, sich aber vor der Tiefe des Meeres fürchtete. Daher der dritte Wasserhahn für Salzwasser. Es ranken sich um die Orion nach so vielen Jahren und Eignern unendlich viele Geschichten. Ihre gegenwärtige Geschichte ist wie ein Märchen. Die Orion ist groß, wunderschön und makellos restauriert. An Bord fühlt man sich in vergangene Zeiten zurückversetzt und vergißt, daß wir schon im zwanzigsten Jahrhundert leben.

**Typ:** Schoner
**LüA:** 36,68 Meter
**Breite:** 7,76 Meter
**Tiefgang:** 4,24 Meter
**Verdrängung:** 250 Tonnen
**Bauwerft:** Camper & Nicholson
**Baujahr:** 1910
**Rumpfmaterial:** Holz
**Motorisierung:** 2 Caterpillar, je 250 PS
**Geschwindigkeit:** 13 Knoten, Max.-Geschwindigkeit 18/19 Knoten
**Segelfläche:** 800 Quadratmeter

BRUNO CANTALUPI

# P'tit Louis

Die *P'tit Louis* wurde 1972 in der Krogerwerft in Rendsburg nach militärischen Kriterien gebaut. Der blaßgelb gestrichene Rumpf ist aus dreifach beplanktem Holz, der sie wirkungsvoll von den modernen Stahlyachten im Hafen abhebt. Der Innenausbau und die Teakdecks erinnern an die Segelschiffe aus Holz vergangener Zeiten. Ihre bemerkenswerte Höchstgeschwindigkeit liegt bei 30 Knoten. Der Hauptsalon ist gemütlich und klassisch eingerichtet. Die gepolsterten Sofas und die Wandteile zwischen den Schränken sind mit burgunderroter Seide bezogen. Die mandelcremefarbenen Wände sind mit Mahagoni abgesetzt. Den Hauptsalon schmückt ein auffallendes Ölgemälde, auf dem Kamele dargestellt sind. Ein weiterer Blickfang ist eine große, antike Pergamentkarte, die an der Decke oberhalb der Sitzgruppe und des Couchtisches angebracht ist.

Das großzügige Steuerhaus gewährt einen sehr guten Überblick nach außen. Für zwanglose kleinere Mahlzeiten steht hier ein einfacher Eßtisch und ein Sofa bereit.

Das Achterdeck mit einer Getränkebar und einem ovalen Tisch dient dem gesellschaftlichen Bordleben. Drei Gästekabinen und die Eignerkabine liegen unter den Decks.

Die Eignerkabine ist in verschiedenen Beige-Tönen dekorativ gestaltet. Sie beherbergt ein sehr großes, lederbezogenes Bett in modernem, japanischen Stil. Alle Wände sind mit beigefarbenem Leder bespannt. Das Badezimmer ist mit italienischem Marmor gekachelt. Quadratische Lexan-Platten, die in marmorähnlichen Gelb- und Brauntönen eingefärbt sind, bedecken die Decken der Schlafräume. In jede dieser Platten sind Lampen eingebaut, deren Lichtstärke einzeln variiert werden kann, je nach gewünschter Stimmung. Die P'tit Louis ist eine sehr romantische Yacht. Dem selben Eigner gehört noch ein rassiges high-tech Speedboot, die Bugs, die genau das Gegenteil zur P'tit Louis darstellt. Beide Yachten werden von der Firma Navigator in Monte Carlo betreut.

**Typ:** Motoryacht
**LüA:** 33,2 Meter
**LWL:** 29,5 Meter
**Breite:** 2,3 Meter
**Verdrängung:** 120 Tonnen
**Bauwerft:** Krogerwerft, Rendsburg
**Baujahr:** 1972
**Rumpfmaterial:** Holz
**Motorisierung:** 2 × 3500 PS MTU
**Reisegeschwindigkeit:** 26 Knoten
**Tonnage:** 153,43 Tonnen

MIT FREUNDLICHER GENEHMIGUNG VON NAVIGATOR

# W. N. Ragland

**Typ:** Topsegel Schoner
**LüA:** 30,79 Meter
**LüD:** 23,39 Meter
**Breite:** 6,7 Meter
**Tiefgang:** 2,74 Meter
**Tonnage:** 150 TM
**Designer:** Baltic Trader
**Bauwerft:** Skibbygmester, Otto Hansen
**Rumpfmaterial:** Eiche
**Tankvolumen:** 8100 Liter
**Baujahr:** 1913
**Generalüberholung:** 1978

Die *W. N. Ragland* gleicht heute kaum noch dem Schiff, das 1913 in der Otto Hansen Schiffswerft in Stubbekobing, Dänemark, gebaut wurde. Unter dem Namen Lilli fuhr dieser Baltic Trader als Frachtschiff bis Ende der 50er Jahre. Dann wurde das Frachtschiff zum Segelschiff umgebaut. Es segelte in der Ostsee und im Mittelmeer. Neils Thomsen kaufte Ende der 60er Jahre das Schiff und brachte es in die Karibik nach Bequia. Der Liedermacher Neil Young erstand die Yacht 1976.

Young beauftragte den Schiffskonstrukteur und Kapitän Roger Katz mit dem Umbau und der Umgestaltung des Schiffes. Es zeigte sich, daß das Schiff massive Schäden durch Termiten aufwies, die nicht zu reparieren waren. Es gab zwei Möglichkeiten, entweder das Schiff verschrotten oder völlig neu wieder aufzubauen. Young entschied sich für einen Neuaufbau.

Der Neubau der Ragland gestaltete sich zu einem aufwendigen Projekt. Katz und Young wollten keine etablierte Werft mit dem Auftrag betrauen. Sie wollten absolute Kontrolle und Handlungsfreiheit in bezug auf Bauweise und Design für sich behalten. Daher wurde in Fort Lauderdale, Florida, in einem Schuppen ein Platz angemietet, und Katz

BOB DAVIS

suchte ein Team nichtprofessioneller, aber höchst fähiger Mitarbeiter zusammen. Die gemeinsame zweijährige Arbeit schweißte die Gruppe, die zeitweise über 35 Mitarbeiter umfaßte, zu einer großen Familie zusammen.

Wie bei der Originalkonstruktion wurden auch für den Neuaufbau verschiedene Verarbeitungsmethoden und Materialien eingesetzt. Für das Unterwasserschiff kam nur Zypressenholz in Frage. Für die oberhalb liegende Beplankung wurde altes, naturbelassenes Eichenholz von New York angeliefert, nach Mixturen für die Kalfatermasse mußte erst geforscht werden, bevor sie hergestellt werden konnte. Der mittlerweile verstorbene Colin Ratsey entwarf das Rigg und den Segelplan nach der Originalvorlage.

Das Innendesign der W. N. Ragland ist in jeder Hinsicht originell. Young wollte die Yacht als Ruhepol für sich und seine Familie über ausgedehnte Zeiträume bewohnen. Die Eignerkabine liegt im vorderen Schiffsteil, wo der Raum am größten ist. Die Kabine des Kapitäns liegt achtern, die übrigen Quartiere für die Crew und die Gäste sind in einem gemeinsamen Bereich hinter dem Hauptsalon untergebracht.

Handgeschnitzte Einfassungen und Schmuckstücke aus gelbem Pinienholz fügen sich harmonisch der Gesamteinrichtung an. Der Leitgedanke des Designers war, die großen, unregelmäßigen Deckenbalken nach und nach bis auf handgroßen Maßstab zu reduzieren. Die massive, gemaserte Rotholzplatte des Salontisches und des Tisches, der den vorderen Mast umgibt, wurden aus Teilen eines enormen Wurzelstückes, das aus einem trockenen Tümpel aus Young's Ranch in Kalifornien stammt, gefertigt.

Um Baumaterial aus der Zeit, in der die Lilli gebaut worden war, zu finden, wurden große Anstrengungen unternommen. So konnten viele interessante Bauteile und Kunstgegenstände aufgestöbert werden. Zum Beispiel stammt die Reling des Niedergangs, der in den Hauptsalon führt, von dem ersten Feuerwehrauto, das mit beweglicher Leiter ausgerüstet war. Dieses Stück aus der Jahrhundertwende wurde bei der Feuerwehr in Hollywood, Florida, aufgestöbert. Das Holz der Innenwände und Schotten hat ebenfalls Tradition. Einst schmückte es im 18. Jahrhundert die Wände des Tanzsaales im Windsor Hotel, New York City.

Der Salontisch an Backbord diente früher als Block, auf dem Wale zerlegt wurden. Herkunft: ein altes Neu England-Schiff. Das Pinienholz des Kabinenbodens stammt aus dem riesigen Baumbestand, den ein elegantes Hotel in Florida zu Beginn des neunzehnten Jahrhunderts angelegt hatte. Der gewaltige Stoßzahn, der die Armlehne des Sofas an Steuerbord bildet, ist eine Jagdtrophäe von John Ringling aus der Mitte des Jahrhunderts... Die Aufzählung könnte noch lange weitergeführt werden, auf jeden Fall ist das Ergebnis eine auserlesene, homogene Umgebung, die einmalig und phantasievoll ist.

Da Young seine Yacht auch als Aufnahmestudio verwenden wollte, befinden sich zwei elektrische Klaviere an Bord: eines steht im vorderen Schiffsteil in klassischem Orgelgehäuse, das zweite läßt sich aus der Frontverkleidung des Kartentisches im Steuerhaus herausziehen. Beide elektronische Keyboards sind mit einem großen Lautsprecher verbunden, der im Freien unter dem Radaraufbau am Hauptmast befestigt ist.

Die Yacht wurde nach Neil's Großvater in N. W. Ragland umbenannt. Der Name hat keine musikalische Bedeutung. Nachdem der Umbau der Yacht 1978 fertig war, segelte sie in der Nordsee, im Atlantik, im Süd- und Nordpazifik, insgesamt 50000 Meilen. Diese weitgereiste Yacht ist der ganze Stolz der Familie Young.

BOB DAVIS

BOB DAVIS

BOB DAVIS

BOB DAVIS

WILLIE GIBSON

WILLIE GIBSON

# Raphaelo

**Typ:** Dreimast-Schoner
**LüA:** 49,4 Meter
**LWL:** 31,85 Meter
**Breite:** 8,47 Meter
**Tiefgang:** 3,89 Meter
**Verdrängung:** 435 Tonnen
**Bauwerft:** Cantieri Navali Fratelli Benetti, Viareggio, Italien
**Baujahr:** 1941
**Rumpfmaterial:** Pinie auf Eiche, Zierarbeiten siamesisches Teak
**Motorisierung:** 2 × GM V12

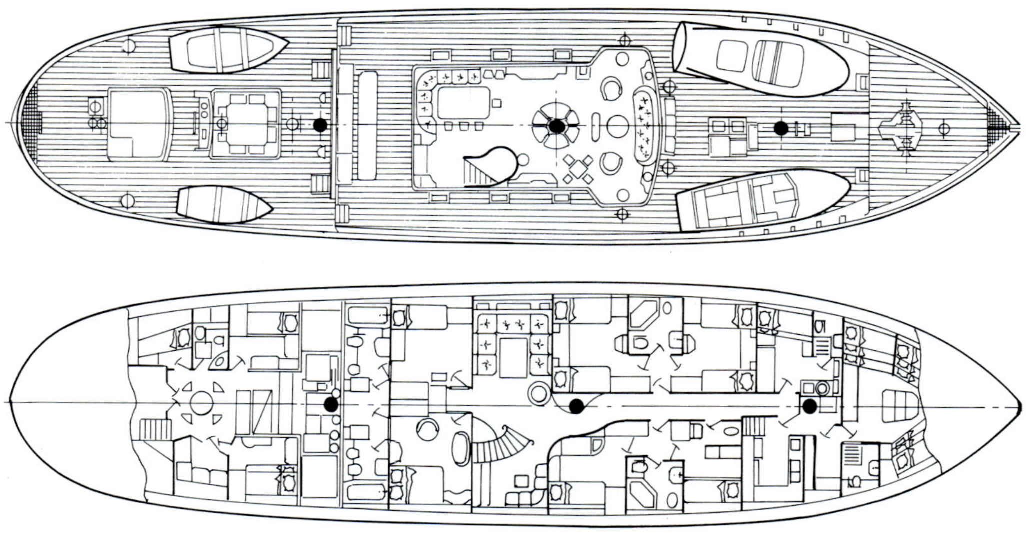

*Raphaelo* wurde als Brigantine Frachtschiff gebaut. Das solide konstruierte Schiff ist einer der letzten klassischen italienischen Handelsschoner, die gebaut wurden. Seine Hauptaufgabe bestand im Transport von Marmor aus den Steinbrüchen von Carrara. Von dort aus ging die Fracht in Häfen wie Marseille, wo Ziegelsteine geladen und weiterbefördert wurden. Bis Ende der fünfziger Jahre florierte das Frachtgeschäft. In Alexandria, Ägypten, fand das Schiff einen Liebhaber. Es wurde nach La Spezia gebracht und als Segelyacht nach Entwürfen des jungen Schiffskonstrukteurs Anselmo Boretti umgebaut. 1961 wurde sie fast so, wie sie heute aussieht, zu Wasser gelassen. Nicht nur ihre äußere Erscheinung und das Rigg aus ihren Frachterzeiten wurden verändert, sie wechselte auch häufig ihre Namen. Zuerst hieß sie Gerlando, dann Taitu, zuletzt Raphaelo. Taitu war eine Königin im alten Ägypten, ihr Kopf schmückt immer noch verschiedene Lampen und Ornamente, die auf dem ganzen Schiff zu finden sind.

Das weiträumige Deck ist verschwenderisch mit Schnitzereien und edlem lackiertem Holz versehen. Der Platz zum Sitzen, Sonnenbaden und Essen scheint unendlich groß zu sein.

Leuchtend farbige Kissen auf den eingebauten Bänken längsseits der Hauptkabine bieten komfortable Plätze. Auf dem Deck Mittschiffs steht ein überdachter Eßtisch im Freien.

Ein Tigerfell, komplett mit Kopf begrüßt den Gast im Hauptsalon mit seinen gefletschten Zähnen. Die Wände sind mit Mahagoni getäfelt und mit antiken Kunstgegenständen geschmückt. Dazu gehört ein prachtvoller Barometer aus der Zeit von Duke Wellington und der Schlacht um Waterloo und mehrere Ölgemälde aus dem siebzehnten Jahrhundert. An einem Ende der Hauptkabine befindet sich der Eßplatz mit ledergepolsterten Sofas, am anderen Ende des Salons steht eine schwarz-weiß gemusterte Couch. Den Mast umgibt eine runde, schwarze Lederbank, die dem Raum etwas Geheimnisvolles aufprägt, etwa den Beginn einer mysteriösen Sherlock Holmes Geschichte.

Eine elegante Treppe windet sich hinunter zum Wohndeck, wo sich eine gemütliche Bibliothek und ein Wohnzimmer befindet. Hier liegt ein Leopardenfell mit Kopf zum Gruße. Wertvolle, antike Kerzenleuchter aus Messing und Silbervasen aus dem sechzehnten Jahrhundert passen sich der antiken Einrichtung an. Gemälde von Schiffen und dem Meer beherrschen den Raum.

Die Gästekabinen sind auf traditionelle Art mit Mahagoni und eingebauten Kojen ausgestattet. Neben den mit überwiegend männlichen Attributen versehenen Räumen gibt es eine ›feminine‹ Kabine, die mit einer handbemalten Frisierkommode und grazilen Schmuckstücken eingerichtet ist.

Die Raphaelo fährt mit einer Besatzung von zehn oder elf Mann. Liegt sie in ihrem Liegeplatz in Cannes, ist immer jemand mit Deckschrubben oder mit Polieren der Messingbeschläge am Steuerrad oder an den Baumenden beschäftigt. Das Schiff ist in makellosem Zustand.

Der Kapitän Paul R. Simmonds und seine Crew sind nicht nur stolz auf die Ästhetik, sondern auch auf die hervorragenden Segeleigenschaften der Raphaelo.

PAUL SIMMONDS

# Ring Andersen

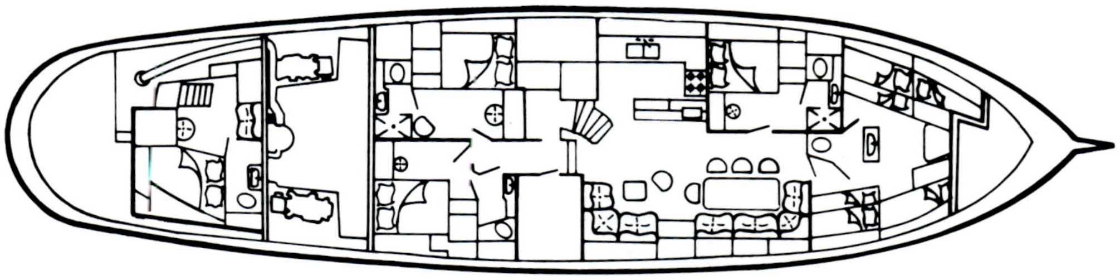

**Typ:** Baltic Ketsch
**LüA:** 35,1 Meter
**LüD:** 28,6 Meter
**LWL:** 24,2 Meter
**Breite:** 6,5 Meter
**Tiefgang:** 3 Meter
**Segelfläche:** 395 Quadratmeter
**Rumpfmaterial:** Eiche
**Bauwerft:** Ring Andersen Shipyard Svendborg, Dänemark
**Baujahr:** 1948
**Generalüberholung:** 1980

B. STERLING BENKHART, LTD.

*Ring Andersen* hat ein wechselhaftes Schicksal erlebt, seit sie 1948 für Kapitän Rasmus Pilegaard bei der J. Ring Andersen-Werft in Svendborg, Dänemark, gebaut worden war. Der Schiffsrumpf mit der Nummer 180 besteht aus Eichenholz, obwohl es sehr schwierig war, dieses Holz kurz nach Krieg aufzutreiben. Das Schiff, ursprünglich mit Gaffelrigg versehen, wurde als Baltic Trader eingesetzt. Es beförderte Zucker, Mehl, Bier, Papierrohmasse, Bordsteine und Weizen. Die Ladekapazität lag bei 155 Tonnen. 1962 wurde das Schiff verkauft und nach Jütland in Dänemark gebracht. Hier bekam der Frachter ein neues Rigg und die Innenräume wurden chartergerecht umgebaut. 1963 segelte die Yacht in die Karibik, wo sie Charter fuhr, bis sie an ihre jetzigen Eigner verkauft wurde.

1980 kehrte die Ring Andersen in die Werft, wo sie gebaut worden war, zurück, um ein zweites Mal umkonstruiert zu werden. Zweieinhalb Jahre später war sie als hochkomfortables Charterschiff zu bewundern. 164 der insgesamt 186 Spanten waren erneuert worden und der Rumpf innen und außen neu beplankt. 16 Stämme von birmanischem Teak wurden für das Deck und die Kabinendecken verbaut, die nun in edlem Glanz erstrahlen.

Das Dach des Deckshauses bietet enorm viel Fläche zum Sonnenbaden. Anders wie bei manchen Segelschiffen wurde das gesamte Deck sicher und ohne Stolperfallen konstruiert. Im Deckshaus bieten Sitzbänke an drei Seitenwänden ausreichende Sitzmöglichkeiten, der Navigationstisch und ein Getränke-Kühlschrank liegen neben der Haupttreppe. Der Hauptsalon befindet sich unter dem Deckshaus. Alle Räumlichkeiten wirken durch die hohen Decken und großen Bullaugen großzügig und hell. Die Wände des Hauptsalons sind mit warmem Teakholz verkleidet. Zum Entspannen bietet sich ein L-förmiges Sofa in einer separaten Ecke an, die als Bibliothek bezeichnet werden kann. Am Eßtisch finden zehn Personen gemütlich Platz. Das Essen wird auf elegantem Rosenthal-Porzellan serviert. Vor dem Hauptsalon liegen drei Gästekabinen. Die Kabinen unterscheiden sich durch verschiedene Holzvertäfelungen: Rosenholz, französisches Walnußholz und dänisches Ulmenholz. Die Kojen der traditionell eingerichteten Kabinen sind ausziehbar, so daß sie auch von zwei Personen bewohnt werden können. In jeder Gästekabine sind aufstellbare Oberlichter eingebaut. Die Badezimmer sind mit Duschen, Frisiertoiletten, elektrischen Toiletten und verschiedenartigen, handbemalten holländischen und portugiesischen Kacheln ausgestattet.

Die mittschiffs liegende Küche ist so geschickt plaziert, daß sich die Gäste von der Küchenarbeit nicht belästigt fühlen. Die Unterkünfte für den Kapitän und die Mannschaft im Bug und im Heck haben separate Eingänge, so daß die Privatsphäre des Eigners und seiner Gäste ungestört bleibt.

B. STERLING BENKHART, LTD.

B. STERLING BENKHART, LTD.

B. STERLING BENKHART, LTD.

B. STERLING BENKHART, LTD.

# Rio Rita

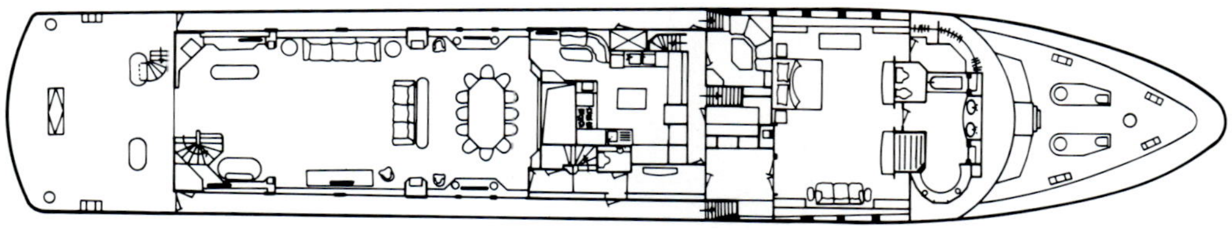

**Typ:** Motoryacht
**LüA:** 52 Meter
**LWL:** 46,5 Meter
**Breite:** 9,1 Meter
**Tiefgang:** 2,85 Meter
**Bauwerft:** De Vries Yard, Feadship, Holland
**Innendesigner:** Terence Disdale
**Baujahr:** 1984
**Geschwindigkeit:** 15,5 Knoten
**Tankvolumen:** 69300 Liter
**Motorisierung:** 2 Caterpillar Diesel, 1055 PS, je 160 U/min
**Rumpfmaterial:** Stahl

*Rio Rita!* Schon der Name strahlt Farbe und Vitalität aus. Die Yacht wurde für einen englischen Aristokraten gebaut, der sie als Wohnung und Büro benützt. Sie lief 1984 bei der Feadship-Werft vom Stapel, ihr spektakuläres Innendesign wurde von Terence Disdale entworfen.

Auffallend an der Rio Rita ist die Weiträumigkeit. Sämtliche Räume des Schiffes strahlen eine helle und großzügige Atmosphäre aus. Der elegante Hauptsalon ist mit geschmackvollen Pfirsich- und Blautönen gestaltet. Die verschiedenen Materialien wie Glas, Chrom, Messing mit Einlegearbeiten und Marmor ergeben eine interessante Kombination von Strenge und weichen Linien. Diese Materialien stehen in effektvoller Verbindung zu lackiertem Ahornholz und weichen, handgefertigten Teppichen aus Wolle und Seide. Verspiegelte Decken und indirekte Beleuchtung vermitteln den Räumen Tiefe. Das Leopardenbild, auf Seide gemalt, läßt den Raum theatralisch erscheinen, besonders in der Speisenische, wo man während des Essens den Eindruck hat, daß man von einer dieser rassigen Katzen bewacht wird.

Im Vergleich zur Größe des Schiffes befinden sich nur wenig Kabinen an Bord. Die riesige Eignerkabine nimmt den ganzen vorderen Teil des Hauptdecks in Anspruch. Die Farben Aprikose und Creme unterstreichen die Eleganz. Die Seitenfläche, die wie eine japanische Wand aussieht – Platten aus gewobener Seide und Wolle – taucht den Raum in gedämpftes Licht. Das ist schon etwas anderes, als die gewöhnlichen Bullaugen aus Messing! Zu dieser Suite gehört ein Wohnzimmer, ein Ankleidezimmer und ein sehr großes Badezimmer. Im Bad steht ein Sessel nach Art eines Friseur- oder Schönheitssalons, das silberne, handgearbeitete Waschbecken, die Spiegel und die Lampen würden auch dem verwöhntesten Filmstar genügen. Die Teppiche aus reiner Wolle wurden in Irland gewoben.

Im hinteren Schiffsteil liegen vier Gästekabinen. Jede ist über Korridore von der sechseckigen Lobby aus, die im Mittelpunkt des Schiffes liegt, zugänglich. Das luxuriöse Büro und Arbeitszimmer befindet sich im oberen Deck. Beide Räume sind mit gemasertem Walnußholz, das mit gebleichter Eiche abgesetzt ist, verkleidet. Dieses Büro ist der Privatbereich des Eigners, von hier dirigiert er seine internationalen Geschäfte.

Die überdimensionierten Korridore, Treppen und Kabinen vermitteln in Kombination mit den großartigen, verspiegelten Decken eine Großzügigkeit, die nur wenige Yachten ausstrahlen.

CE ES VAN der MEULER

# Anmerkungen des Designers

Ich bin in Bezug auf das Styling von Aufbauten überhaupt nicht voreingenommen, aber gefühlsmäßig neige ich zu eleganten, weichfließenden Linien. Ich glaube, eine Yacht ist ein feminines Geschöpf, und Linienführung und Erscheinung sollten das widerspiegeln. Aggressive, fast militärisch harte Linien passen für kleine, hochmotorisierte Boote, doch für größere Yachten scheinen sie mir nicht angemessen, und man sieht sich schnell satt daran. Bei Auto-Designs habe ich dieselbe Ansicht. Die Form des ›Jaguar E Typ‹ ziehe ich dem ›Lamborghini Countach‹ eindeutig vor. Die weichfließenden, zeitlosen Linien des vor 25 Jahren entworfenen ›E Typ‹ wirken auch heute noch elegant. Der ›Lamborghini‹ dagegen mit seiner Macho-Form, seinen Ecken und aggressiven Lufteinlässen wirkt bestechend, aber man hat sich daran übersehen, und er könnte niemals als so klassisch elegant eingestuft werden wie der ›E Typ‹.

Der derzeitige Trend geht dahin, das Hauptdeck über die gesamte Breite des Rumpfes zu ziehen. Ich möchte dieser Mode fernbleiben. Diese Konstruktion erschwert das Begehen des Schiffes, sie macht das Fensterputzen zu einem Alptraum und zwingt dazu, daß die Fender an langen Leinen vom zweiten Deck aus angebracht werden müssen. Das sieht niemals seemännisch aus.

Nach Lösung der hauptsächlichen ästhetischen und funktionellen Aspekte des Aufbaus bleibt die Unterbringung der Ausrüstung und die Plazierung des Zubehörs wie Davits, Reling, Gangways, Radarmasten und Satellitennavigations-Antennen. Diese Dinge erfordern große Sorgfalt, da die Gesamtwirkung des Aufbaus leicht beeinträchtigt werden kann.

Ich gehe die Innenarchitektur immer in zwei Stufen an, Planung und Ausstattung. Die Planung der Innenausstattung kann wegen des beschränkten Raumes eine sehr herausfordernde Arbeit sein. Es ist klar, daß die Rumpfform, der Maschinenraum und die Wellentunnels zuerst berücksichtigt werden müssen. In enger Zusammenarbeit mit der Werft klären wir diese Punkte ab, um dann nach den Vorstellungen des Eigners die Feinarbeiten des Layouts in die Hand zu nehmen.

Die Raumeinteilung ist die Hauptsache. Ich gestalte die Gänge so kurz als möglich oder kaschiere sie, indem ich entlang ihrer Ausdehnung eine Lobby plaziere. Korridore und Treppen sollten so breit als möglich sein, um keine Platzangst aufkommen zu lassen. Ich bemühe mich darum, alle Räume größer wirken zu lassen als sie sind, vermeide aber dabei große Spiegelflächen, die die Absicht deutlich machen. Glänzende Decken sind mein Lieblingsmittel gegen niedrige Räume. Diese Technik muß jedoch sorgfältig mit den anderen Oberflächenmaterialien abgestimmt werden, damit das Resultat nicht vulgär oder wie eine Diskothek aussieht.

Bei Stil und Dekoration des Interieurs versuche ich, allein durch Form und Details Wirkung zu erzielen, die selbst ohne Farben gut aussehen. Es ist wie bei einem perfekten weiblichen Gesicht, das, wenn die Knochenstruktur richtig ist, kein Make up benötigt. Ich bemühe mich um eine gute Form, das Make up bringe ich sozusagen danach auf: Stoffe und Farben nach dem Geschmack des Kunden. Ich verlasse mich niemals auf das Oberflächenmaterial, um eine Raumwirkung zu erzielen.

Ebenso wichtig ist es, persönliche Gegenstände in die Dekoration mit einzubeziehen: vielleicht eine sorgfältig ausgesuchte Antiquität oder handgefertigte Lampen. Zum Beispiel haben wir einmal eine gesamte Salonausstattung auf einen 300 Jahre alten japanischen Wandschirm abgestimmt. Dieser bildete einen zentralen Bezugspunkt und gab dem Raum seine ganz individuelle, charakteristische Note.

Ich versuche, den eingebauten ›Maschinen-look‹ zu vermeiden, bei dem der Tisch Löcher für die Gläser hat und eine Halterung für Zeitschriften. Dies kann zwar gut durchdacht und clever-designed wirken, aber die Menschen sind flexibel, sie sind keine Roboter. Irgendwann bedeckt die Zeitschrift die Löcher für die Gläser, welche nun, ihres vorgesehenen Platzes beraubt, ihren Inhalt unvermeidlich in den Zeitschriftenhalter ergießen! Ebenso möchte ich ohne Klapp- und Schwebehalterungen auskommen. Ein hydraulisch hochfahrbarer Fernsehapparat mag eine nette Idee sein, aber diese technischen Spielereien haben oft ihre Eigenarten und schnappen vielleicht gerade dann halb heraus, wenn es einem am wenigsten angenehm ist. Ich bemühe mich, eine menschliche und gemütliche Atmosphäre zu schaffen und auf eingebaute Möbel weitgehendst zu verzichten.

Auf kleineren Booten, etwa unter 35 Metern, oder auf sehr schnellen Fahrzeugen, ist dieses Ziel nicht immer erreichbar oder angemessen. Hier sind wegen des beschränkten Platzes Einbaumöbel notwendig.

Sorgfältige Abstimmung der sichtbaren Oberflächen ist besonders in begrenzten Räumen wichtig. Ich möchte übergreifende Harmonie erzeugen, damit das ganze Schiff ein Gefühl der Einheit ausstrahlt.

In bezug auf Details wie Türgriffe, Lichtschalter, Thermostate, Lüftungsschlitze usw.: wenn diese Dinge nicht sorgfältig plaziert sind, können sie den Eindruck eines guten Raumes ruinieren.

Die gewissenhafte Ausarbeitung aller Details, zusammen mit feinster Abstimmung der Gesamtausstattung, kann sehr viel Zeit kosten. Aber Nachlässigkeiten können hier nicht geduldet werden. Die Gesamterscheinung ist die Summe vieler Teile, und je mehr Aufmerksamkeit auf Kleinigkeiten verwendet wird, umso besser ist das Ergebnis.

Wir leiten unsere Philosophie von einem alten Sprichwort ab, das sagt: Es zahlt sich nicht aus, das ganze Schiff zu verschandeln wegen Teer für einen halben Penny.

*Terence Disdale*

# Rosenkavalier

**Typ:** Motoryacht
**LüA:** 66,4 Meter
**LWL:** 54,3 Meter
**Tonnage:** 761,57 BRT
**Designer:** Cox & Stevens
**Bauwerft:** Krupp Germania Werft, Kiel
**Rumpfmaterial:** Stahl
**Baujahr:** 1929
**Motorisierung:** 2 Original Krupp 6 Zylinder, 4 Takt., 750 PS bei 250 U/min
**Reisegeschwindigkeit:** 12,5 Knoten

*R*osenkavalier hieß ursprünglich Haida. Sie wurde von Max Fleischmann in Auftrag gegeben und nach einem Entwurf von Cox und Stevens bei der Krupp Germania-Werft in Kiel gebaut und motorisiert. Das war 1929, und Fleischmann, dessen Geld gegen die Rezession immun zu sein schien, scheute keine Kosten für seine Yacht. Er war passionierter Tiefsee-Fischer und benutzte die Haida, um ferne Ozeane anzusteuern, wo er seiner Leidenschaft frönen konnte.

1941 verkaufte Fleischmann die Haida an die amerikanische Marine. Kurz danach wurde sie bei der Craig Shipbuilding Company von der ›Königin des Meeres‹ in eine ›Eiserne Lady‹ verwandelt. Angetan mit dem Grau eines Kriegsschiffes, armiert mit schweren Stahlplatten und mit Waffen bestückt, war sie für den Fall eines Kriegseinsatzes im Pazifik gewappnet. Unter dem Namen USS Argus fuhr sie zunächst an der amerikanischen Südküste Patrouillen.

Die USS Argus überdauerte den Krieg und wurde 1948 an den ägyptischen Baumwoll-Magnaten Maurice Ada, einen engen Freund und Vertrauten von König Farouk, verkauft. Ada ›zivilisierte‹ seine Yacht, unternahm aber sonst nicht viel, um ihren guten Zustand zu erhalten. Die Yacht blieb in Alexandria, bis König Farouk entmachtet wurde. Ada verließ Ägypten mit seiner Yacht und segelte in den Zollhafen von Cannes.

Die Yacht lag einige Zeit im Mittelmeer. Wieder einmal wechselte sie ihren Besitzer und bekam einen neuen Namen, Sarina. Langsam aber stetig verwahrloste die Yacht, bis sie 1969 von Loel Guiness gekauft wurde. Guiness ließ sie in jahrelanger Arbeit renovieren und die Maschinen überholen. Dann verkaufte er sie an Robert Stigwood, den australischen Geschäftsmann und Filmproduzenten. Jetzt unternahm die Sarina Reisen für die High Society. Sie fuhr nach New York, Miami, Mustique und London. Gleichzeitig wurde sie mit Satelliten-Kommunikationssystemen und modernsten elektronischen Navigationsinstrumenten ausgestattet.

1981 bekam die Sarina wieder einen neuen Eigner. Umbenannt in ihren ersten Namen Rosenkavalier wurde sie, weit entfernt von ihrer deutschen Heimat, das Heim eines zurückgezogenen, wohlhabenden und leidenschaftlichen Seglers.

Der neue Eigner ließ mit Gefühl für die Geschichte und den Stil der Yacht die Räume von französischen und schweizer Handwerkern umbauen. Alle mechanischen Teile des Schiffes wurden generalüberholt.

Eine klassische Yacht wie die Rosenkavalier hat die Aufmerksamkeit, die ihr nun entgegengebracht wird, wohl verdient.

JAMES MORTIMER

JAMES MORTIMER

JAMES MORTIMER

JAMES MORTIMER

JAMES MORTIMER

JAMES MORTIMER

# Sakara

**Typ:** Schoner
**LüA:** 30,1 Meter
**Breite:** 6,93 Meter
**Tiefgang:** 4,26 Meter
**Bauwerft:** G. Lawley & Son, Neponset, Massachusetts
**Segelfläche:** 630 Quadratmeter
**Baujahr:** 1913
**Originalüberholung:** 1969
**Rumpfmaterial:** Holz

*Sakara,* ein traditioneller Schoner, wurde 1913 von Lawley gebaut. Das geschichtsträchtige Schiff gehört heute der Fayed-Familie aus Ägypten. Auf der Yacht wurde Altes aus den Großseglerzeiten mit auserlesenen Einrichtungsgegenständen aus aller Welt harmonisch kombiniert. Der Salon an Deck ist ein gemütlicher Raum, der mit burgunderroten Ledersofas, Brokatvorhängen und einem italienischen Couchtisch geschmackvoll eingerichtet ist. Die Holzschränke sind mit Leder bespannt, interessante und romantische Lampen und Schnitzereien schmücken das ganze Schiff.

Der Speisesalon liegt am Fuß einer Treppe, deren Geländer mit üppigen Schnitzereien verziert ist. Ein braun-weißes Ponyfell liegt auf der Couch hinter einem Mahagonitisch. Ein Original-Gemälde der Sakara, das aus ihrer Entstehungszeit stammt, hängt an der Wand.

Die Eignerkabine ist mit sinnlichen dunklen Rottönen sehr romantisch ausstaffiert.

Die Sakara besitzt ein weitflächiges Deck und wunderschöne Bronzebeschläge, die mit Delphin-Ornamenten veredelt sind. So akurat und penibel die Leinen in Achtern gelegt sind, so sauber, glänzend und strahlend sind auch die Kabinen. Die Sakara befindet sich meistens im Mittelmeer, wo sie auch gelegentlich an Regatten für klassische Yachten teilnimmt.

# Seabird

**Typ:** Hochsee-Angelyacht
**LüA:** 20,12 Meter
**LWL:** 17 37 Meter
**Breite:** 5,79 Meter
**Tiefgang:** 1 Meter
**Verdrängung:** 29 Tonnen
**Tankvolumen:** 5845 Liter
**Frischwasservolumen:** 1295 Liter
**Motorisierung:** 2 GM 12 V 71 TI High Performance, je 870 PS, ZF Transmission

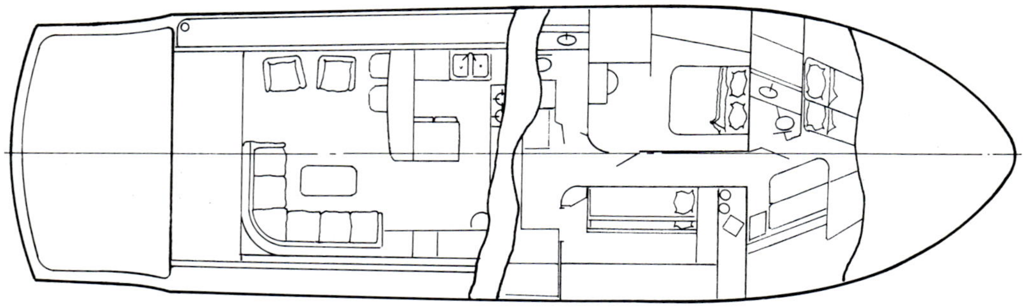

Seabird ist eine große, starke und schnelle Yacht zum Hochseeangeln, die die besten Voraussetzungen für Wettbewerbsangeln mitbringt und dazu den Komfort einer reinrassigen Motoryacht bietet. Die Werft Cheoy Lee in Hongkong hatte den amerikanischen Designer Tom Fexas mit den Plänen für dieses Schiff beauftragt. Fexas sagte: »Die Yacht gehört zu meinen Lieblingsentwürfen, weil sie so stark und zuverlässig aussieht. Außerdem besitzt sie meiner Meinung nach einen der besten Hochgeschwindigkeitsrümpfe, die jemals den Ozean geküßt haben.«

Der Schiffsaufbau, der Rumpf, die Kabine und die Steuerbrücke haben weiche Rundungen, das Unterwasserteil des Rumpfes ist eckig und scharfkantig. Der wesentliche Unterschied dieses Designs zu anderen Hochsee-Angelyachten liegt darin, daß hier an Deck ein Überfluß an Platz vorhanden ist.

Der Hauptsalon ist ebenso geschmackvoll eingerichtet wie die Kabinen. Die Sofas sind mit bestem, grauem, abgestepptem Leder bezogen, so daß sich hier zweifellos auch die Gäste wohlfühlen können, die nicht des Angelns wegen mitgefahren sind. Der Maschinenraum ohne Stehhöhe ist nur so groß, wie es nötig ist. Die Steuerbrücke bietet einen exzellenten Ausblick, damit in den Jagdgründen kein Fisch übersehen wird. Eingebaute Wasserbecken sorgen dafür, daß die Fische frisch bleiben. Die Seabird ist ein vielseitiges Sportgerät und durch und durch so luxuriös wie moderne Motoryachten.

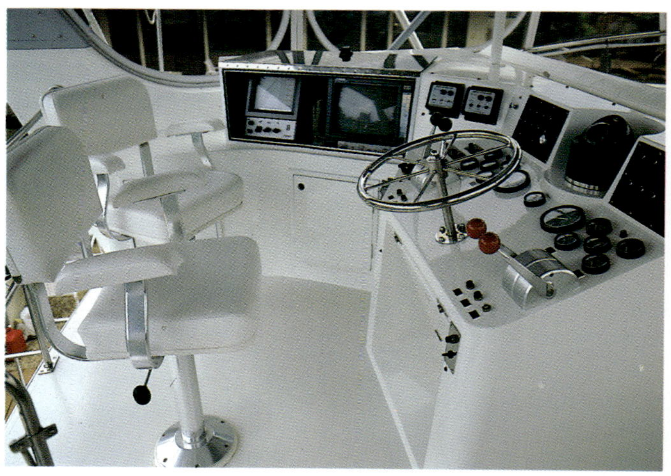

R. DIAZ

# Sequoia

ANN STEVENS

MIT FREUNDLICHER GENEHMIGUNG DES PRESIDENTIAL YACHT TRUST

MIT FREUNDLICHER GENEHMIGUNG DES PRESIDENTIAL YACHT TRUST

*Sequoia* ist als die amerikanische Präsidentenyacht bekannt und berühmt. Sie wurde Anfang 1933 von Präsident Herbert Hoover als USS Sequoia in Dienst gestellt und stand noch acht weiteren amerikanischen Präsidenten zur Verfügung. Gebaut wurde sie 1925 in der Mathis Schiffswerft in New Jersey für eine Familie aus Philadelphia. 1928 ging sie in den Besitz eines Texaner's über (dem treffenderweise die Sequoia-Ölgesellschaft gehörte), danach erwarb sie das Handelsministerium. Die Yacht wurde vom Handelsministerium als Lockvogel eingesetzt, um Rum-Schmugglern auf dem Missisippi auf die Schliche zu kommen. Hoover verliebte sich in die Yacht. Er brachte sie zum Potomac River, wo er gerne angelte und sich entspannte.

Während ihrer über 40jährigen Dienstzeit für Präsidenten bot die Sequoia oft auch den Rahmen für historische Ereignisse. Truman hielt hier seine erste Konferenz über Nuklearwaffen ab, und er war Gastgeber für Parties und Pokerspiele an Bord der Yacht. Eisenhower machte die Sequoia gelegentlich dem Volk zugänglich, zum Beispiel lud er verwundete Kriegsveteranen aus Korea an Bord ein. In späteren Jahren nutzten die Präsidenten Kennedy, Johnson, Nixon und Ford die Sequoia für soziale Aufgaben und für Regierungsgeschäfte. Kennedy feierte seinen 46. Geburtstag an Bord der Yacht.

Für Johnson war sie der geeignete Rahmen zur Ausarbeitung seines Regierungsprogramms, und Nixon traf auf der Yacht häufig ausländische Staatsoberhäupter für seine privaten Verhandlungen, unter anderen den sowjetischen Premier Breschnew. Nixon informierte von der Sequoia aus seine Familie, daß er sich von der Regierung zurückziehen würde. Die Familie Ford genoß auf der Yacht offizielles und privates Leben. Jimmy Carter war es, der den Entschluß faßte, die Yacht zu verkaufen. Er verkündete, sie sei unnötiger Luxus.

In den Jahren von 1977 bis 1981 fuhr die Sequoia unter drei verschiedenen Eignern. 1981 wurde ein Interessenverband, der Presidential Yacht Trust, gegründet mit der Aufgabe, die Yacht als historisches Wahrzeichen zu erhalten. Die Sequoia war zu der Zeit in einem schlechten Zustand und es war höchste Zeit, daß sich jemand um sie kümmerte. 1983 schließlich konnte ein Fond für die Renovierung gegründet werden, nachdem ein konkretes Programm festgeschrieben war. 1984 verließ die Sequoia ihr Winterquartier in St. Augustine, Florida, und begab sich auf eine sechsmonatige nationale ›Comeback-Reise‹. Kapitän Giles Kelly hatte sich an der Ausarbeitung der Reiseroute beteiligt, die die Sequoia von Florida über Texas nach New Orleans führte, dann weiter in die Großen Seen und den Hudson River hinunter in den South Street Hafen von New York. Im Anschluß daran ging es weiter über den Chesapeak Bay zum Zielort Washington. Überall, wo sie auftauchte, wurde sie mit Fanfaren und großem Zeremoniell begrüßt. Um die gründliche Renovierung finanzieren zu können, wurde weiterhin Geld gesammelt. Die Yacht soll der US Navy als Stiftung zugehen.

Es gibt viele Yachten, die pompöser sind als die Sequoia, doch ihre Geschichte weckt in der amerikanischen Bevölkerung Ehrerbietung und Stolz.

**Typ:** Motoryacht
**LüA:** 31,7 Meter
**Breite:** 5,5 Meter
**Tiefgang:** 1,22 Meter
**Verdrängung:** 90 Tonnen, beladen 105 Tonnen
**Designer:** John A. Trumpy
**Bauwerft:** Mathis Shipyard, Camden, New Jersey
**Baujahr:** 1925
**Rumpfmaterial:** Holz
**Motorisierung:** Detroit Doppelmotoren Diesel 671 N

ANN STEVENS

# Sheevra

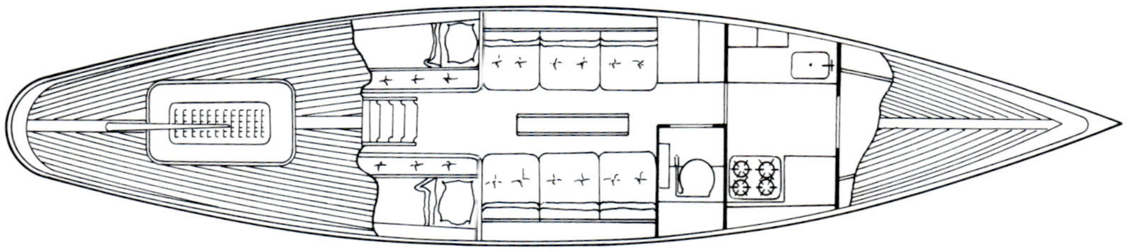

**Typ:** Slup
**LüA:** 13,88 Meter
**LWL:** 10,64 Meter
**Breite:** 2,99 Meter
**Tiefgang:** 1,85 Meter
**Bauwerft/Designer:** William Fife jr.
**Baujahr:** 1921
**Rumpfmaterial:** Holz
**Tonnage:** 14 BRT

*Sheevra* ist ein Kleinod für Kenner. Es gibt so viele Yachten, die Beifall und Bewunderung verdienen, wie die Zusammenfassung ausgefallener Yachten in diesem Buch zeigt. Die Sheevra jedoch stellt so manche Yacht in den Schatten. Obwohl sie die kleinste Yacht in unserem Buch ist, ist sie wahrscheinlich doch auch die feinste aller Yachten. 1921 lief bei der Fife-Werft in Fairlie, Schottland, eine 45 Fuß lange Renn-/Cruising Sloop vom Stapel. Sie wurde Clio getauft.

Damals war William Fife 66 Jahre alt, und diese Yacht sollte seine ganz private ›Gentleman's Yacht‹ sein. Die Erfahrungen von drei Generationen dieser führenden Yacht-Designer sind hier zusammengefaßt. Schon in ihrem ersten Jahr gewann sie zwölf von dreizehn Rennen in ihrer Klasse.

Was weiterhin mit der Yacht passierte, ist nur vage bekannt. Soviel man weiß, hatte sie zwischen 1926, als Fife sie verkaufte, und 1983 nur drei weitere Eigner. Seit 1983 ist sie in Besitz von Jeffrey Law, Olive Adshead und Donn Costanzo. Ihre neuen Besitzer entdeckten die Yacht in Cannes und brachten sie zur Renovierung nach Santo Stephano in Italien. Und wie sie renoviert wurde! Die drei jungen Eigner hatten sich bei ihrer Arbeit auf dem Schoner Puritan kennengelernt und verstehen viel von Yachten. Sie sind davon überzeugt, daß Fife der beste Schiffsbauer der Welt war, und diese Überzeugung hat sich während der Restauration der Sheevra noch mehr gefestigt. Die meisten Arbeiten führten sie eigenhändig und so kunstvoll als nur möglich aus, so daß auch William Fife zufrieden wäre. Es wurde sehr sorgfältig darauf geachtet, daß die Yacht authentisch, bis hin zu den kleinsten Schräubchen und Holzteilen, wieder aufgebaut wurde. Schiffszubehörteile, Lampen und Winschen wurde repariert und auf Hochglanz gebracht, bis sie so blitzblank strahlten wie vor vielen Jahren.

Die Kabinen sind schlicht und traditionell eingerichtet. Für den Innenausbau wurden verschiedene Holzarten wie Mahagoni, Iroco und Zedernholz verwendet. In liebevoller Arbeit nähte Olive die burgunderfarbenen Samtbezüge für die Sofas. In der Küche ist alles vorhanden, was eine gute Schiffsküche für elegante Dinner-Parties braucht: eine schöne Marmorplatte zum Teigausrollen, ein großes Becken aus rostfreiem Stahl, ein Herd und Geschirrschränke. Es gibt nur ein Problem: man hat keine volle Stehhöhe, was jedoch für diesen Yacht-Stil typisch ist. Man muß kniend kochen!

Die Eigner wollen mit der Sheevra an Regatten für klassische Yachten und an Veteranen-Rallies teilnehmen, die jährlich in Newport, R.I., Porto Cervo und St. Tropez stattfinden. Und sie haben die Absicht, diese Regatten zu gewinnen.

# Shenandoah

**Typ:** Dreimast-Schoner
**LüA:** 44,20 Meter
**LWL:** 30,48 Meter
**Breite:** 8,14 Meter
**Tiefgang:** 4,11 Meter
**Designer:** T. E. Ferris
**Bauwerft:** Townsend & Downey, Shooters Island, USA
**Baujahr:** 1902
**Rumpf:** Eisen
**Motorisierung:** 2 × 6 Zylinder Volvo Penta TAMD 120 A, Diesel, 2 × 350 PS bei 1800 U/min

THIERRY PARRAT

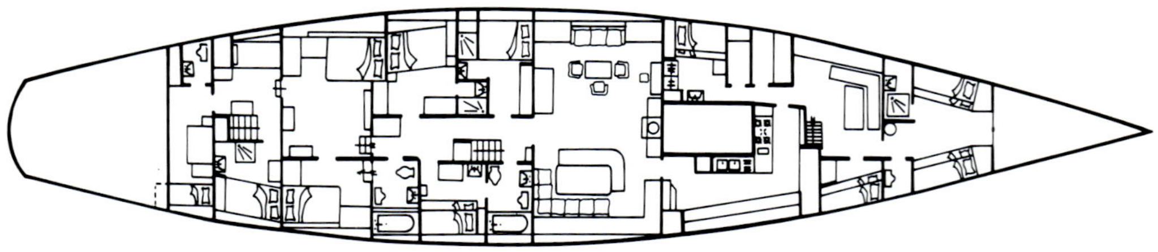

*S*henandoah, Baujahr 1902, ist ein Zeitgenosse der berühmten Yachten Reliance und Shamrock III. Dieser legendäre Dreimast-Schoner mit Gaffelrigg führt immer noch ein aktives Segelleben. Sie wurde im Auftrag des Bankiers Gibson Fahnestock nach Entwürfen von Theodore Ernest Ferris bei der Townsend & Downey-Werft in Shooters Island, U.S., gebaut. Zur selben Zeit entstand in dieser Werft ein weiterer Segel-Riese, die Meteor III, die Kaiser Wilhelm II. in Auftrag gegeben hatte. Nach einer Saison in Newport, R.I., segelte die Shenandoah nach Frankreich. Über zehn Jahre lang war das Mittelmeer ihr Revier, überwiegend die Riviera. Viele internationale Persönlichkeiten kamen zu dieser Zeit an Bord. Als Fahnestock nach Amerika zurückkehren wollte, verkaufte er 1912 die Yacht an den deutschen Grafen Walter von Bruining.

Der Graf änderte den Namen der Yacht in Lasca II und segelte mit ihr von der Côte d'Azur in die Nordsee. Ihr Heimathafen wurde Kiel, die Sommerzeit über war sie in Cowes.

Der Erste Weltkrieg schob den Vergnügungsyachten einen Riegel vor, die Briten requirierten die Yacht bis 1919. Danach ging sie in den Besitz von Sir John Esplen über, der sie wieder in Shenandoah umbenannte. 1912 kaufte Godfrey H. Williams die Yacht. Als ihm der Unterhalt zu teuer wurde, verkaufte er sie dem italienischen Prinzen Ludovica Potenziani. Der Prinz segelte mit der Yacht fünf Jahre lang an der Côte d'Azur. 1930 erstand Viggo, Graf von Kopenhagen, das Schiff und segelte es nach Dänemark. Dort wurde die Yacht in einer Werft modernisiert. Sie bekam neue Motoren und ein neues Elektrik-System. 22 Jahre lang blieb sie bei ihrem nächsten Eigner, einem dänischen Grafen. Doch das goldene Zeitalter für große Luxusyachten war vorüber, die Unterhaltskosten für solche Yachten und für die Crews stiegen unaufhörlich. Die Shenandoah fiel in die Hände einer mysteriösen Gesellschaft, die mit ihr unter dem Namen Atlantide Schmuggelware entlang der mittelamerikanischen Küste transportierte. Schließlich wurde sie von der französischen Regierung konfisziert, dann aber aufgegeben. Verwahrlost lag sie im alten Hafen von Cannes, wo sie zum Kauf ausgeschrieben wurde. Baron Bich entdeckte die Yacht und verliebte sich sofort in sie. 1973 kaufte er das Schiff und ließ es von Grund auf bei der Voisin-Werft in Villefranche restaurieren, bis es wieder in seinem Originalzustand war.

Während der Rennen um den America's Cup, an denen Bich mit seiner ›12er‹ Rennyacht ›France‹ teilnahm, war die Yacht in Newport, R.I., schon ein vertrauter Anblick. 1982 wollte Bich die Yacht verkaufen. Sein Sohn jedoch wollte sich nicht von ihr trennen, so kaufte er sie seinem Vater ab. Heute ist sie, wie so viele Großsegler, ein Charterschiff im Besitz einer Aktiengesellschaft.

Ihre Inneneinrichtung versetzt die Gäste zurück in das goldene Zeitalter der Großsegler. Aus dem Deckshaus entstand eine schöne Launge, wo das Frühstück serviert wird. Der Hauptsalon ist mit edel verarbeiteten Mahagoni-Vertäfelungen klassisch ausgestattet. Die traditionellen Farben Weiß und Blau und lackiertes Holz bilden die Grundelemente der Einrichtung. Zur gepflegten Unterhaltung nach dem Dinner bietet sich ein Piano im Salon an. Es stehen fünf Gästekabinen zur Verfügung. Die Eignerkabine ist mit einem offenen Kamin aus Marmor ausgestattet, das dazugehörige Badezimmer mit einer Badewanne ausgestattet.

Die Shenandoah stellt die Eleganz der Alten Welt dar: schlicht und anmutig.

MIKE MEADE

MIKE MEADE

# Shirley B

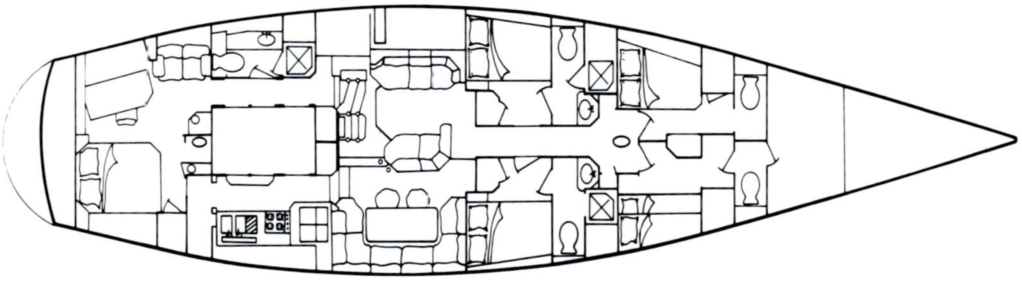

**Typ:** Ketsch
**LüA:** 24,4 Meter
**LWL:** 21,2 Meter
**Breite:** 6,25 Meter
**Tiefgang:** 3 Meter
**Designer:** Doug Peterson/Rumpf; Styling/Innen: Jon Bannenberg
**Bauwerft:** Southern Ocean Ship Yard, Poole, Dorset, England
**Baujahr:** 1985
**Rumpf:** GRP
**Motorisierung:** Cummins 504 M, 170 PS

MIT FREUNDLICHER GENEHMIGUNG VON MR. NORMAN BERKE

*Shirley B's* Eigner, der Amerikaner Norman Berke, hatte sich intensiv um das Design und den Bau seiner Yacht bemüht, da sie ausdrücklich nach seinen Vorstellungen gebaut werden sollte. Nachdem er bei vielen Yacht-Agenten vergeblich nach dem passenden Schiff für sich gesucht hatte, ließ er diese Yacht nach seinen speziellen Ansprüchen bauen. Er hatte die Ocean Ship Werft in Poole, Dorset, zum Bau der Shirley B aus verschiedenen Gründen gewählt: die Serie ›Ocean 71‹ dieser Werft ist bekannt für solide Bauweise und ausgezeichnete Bedienungseigenschaften. Außerdem lief gerade eine neue Serie, die ›Ocean 80‹ an. Der Rumpf, nach einem Entwurf von Doug Peterson, wurde nach IOR-Standard gebaut. Er sollte nicht nur gut aussehen, sondern auch Geschwindigkeit garantieren. Für das Innen-Design war Jon Bannenberg beauftragt.

Der sehr flach gezogene Decksaufbau und die tiefgesetzten Fenster vermitteln dem Schiff ein sehr modernes und kompaktes Aussehen. Die Innenräume sind eingerichtet für eine vier- bis fünfköpfige Crew, den Eigner und zwei Gäste. Vier Stufen unterhalb des Niedergangs liegt hinter einer technisch raffinierten Schiebetüre der Hauptsalon, der mit komfortablen, halbrunden Sesseln möbliert ist. Die Räume sind auf verschiedenen Ebenen eingebaut. So liegt der Eß- und Küchenbereich ein paar Stufen tiefer als der Salon und noch weitere Stufen führen hinunter zu einem Durchgang, über den die Doppelkabinen an Backbord und Steuerbord erreichbar sind. Eine dieser Kabinen wird von dem Kapitän bewohnt, die Quartiere der Crew liegen ganz vorne. Achtern des Hauptsalons, die Treppe an Backbord hinunter, liegt der Navigationsraum und die Eignerkabine.

Das Schiff wurde in erster Linie für Fahrten in tropischen Gewässern konstruiert, daher wurde auf Helligkeit und gute Lüftung besonderes Augenmerk gelegt. Das Schiff ist mit hellem Holz ausgebaut und mit vielen Türen und Luken versehen. Die Berkes verzichteten auf Materialien wie Chrom oder Glas, da sie kein strenges Dekor wünschten, sondern eine traditionelle einfache Ausstattung, in der sie sich wohlfühlen können. Alle Decken sind gepolstert, das Holz ist Esche. Die Sessel in der Eigner-Suite und im Speisesalon sind mit cremefarbenem Leder bezogen. Die tiefen Sofas im Salon haben elfenbeinfarbene Stoffbezüge, den Teppich ziert ein dezentes, blau- und rostfarbenes eingewobenes Muster. Die Handläufe und die Füße des Eßtisches sind mit handvernähtem Elchleder bezogen. Die Tischplatte des Eßtisches wurde eigens nach New York gebracht, wo sie in kunstvoller Handmalerei mit einem Gemälde, das Seesterne und Muscheln in weichen, sandfarbenen Tönen darstellt, veredelt wurde. Der Mittelteil der Tischplatte kann, wenn er nicht gebraucht wird, abgenommen und wie ein Bild an die Wand gehängt werden. Die Oberfläche der Bar wurde von dem selben Künstler in ähnlicher Weise in

COMPLIMENTS OF NORMAN BERKE

MIT FREUNDLICHER GENEHMIGUNG VON MR. NORMAN BERKE

blauen, grünen und beigen Farbtönen bemalt. Handbestickte Gobelin-Kissen zeigen ebenfalls Muschelmotive. Um acht Personen komfortable Sitzplätze am Eßtisch anbieten zu können, stehen zusätzliche Klappsessel mit Messingrahmen und rostfarbenen Ledersitzen und Rückenlehnen zur Verfügung.

Die Küche, die vom Salon und vom Eßbereich aus einzusehen ist, wirkt mit den hellen Wandverkleidungen und dem Kühlschrank mit Eschenholz-Front freundlich und ästhetisch. Sie sieht nicht nur schön aus, sie ist auch gebrauchstüchtig während des Segelns auf hoher See.

Die Eigner-Suite ist in zarten Grau- und Elfenbeintönen gehalten. Der Kopfteil des Bettes, der Bettüberwurf und die Vorhänge sind aus gestreifter Seide. Das verspiegelte Schott läßt den Raum größer erscheinen. Zum Komfort der Kabine trägt ein handbemalter Schreibtisch, ein Ledersofa und ein gepolsterter Lehnstuhl bei. Die neutralen Farbtöne wiederholen sich in jeder der Vorderkabinen, die mit einer Akzentfarbe belebt werden.

MIT FREUNDLICHER GENEHMIGUNG VON MR. NORMAN BERKE

MIT FREUNDLICHER GENEHMIGUNG VON MR. NORMAN BERKE

MIT FREUNDLICHER GENEHMIGUNG VON MR. NORMAN BERKE

MIT FREUNDLICHER GENEHMIGUNG VON MR. NORMAN BERKE

Jede Kabine verfügt über ein eigenes Stereo-System, ebenso der Salon und das Cockpit. In der Rückwandverkleidung des Sofas im Salon ist ein Unterhaltungs-Center eingebaut, so daß vom Eßtisch aus lokale Fernsehsendungen oder Videofilme angeschaut werden können.

Im Gegensatz zur konventionellen Bauweise wurde Teak- und Rosenholz quer zum Schiff verlegt, wodurch das Schiff optisch breiter wirkt. Die mit großer Sorgfalt ausgewählten Lampen, stilisierte Messinglampen, kleine Spots und indirekte Beleuchtung geben dem Schiff eine warme Atmosphäre. Die abgestufte Höhe des Salons und Eßbereichs bietet zwei Gästegruppen gleichzeitig Raum, ohne daß sie sich behindern.

Das Cockpit ist kompakt und sicher gestaltet, trotzdem läßt es sich hier auch gemütlich leben. Ein stabiles Schiebedach schützt vor Sonne und schlechtem Wetter. Der variable Cockpit-Tisch kann in vier Größen ausgezogen oder zur Hälfte weggeklappt werden, wenn nur für ein paar Drinks oder Bücher eine Abstellfläche benötigt wird.

Shirley B lief im März 1985 vom Stapel, neunzehn Monate nachdem ihr Rumpf fertiggebaut war. Ihre ersten fünf Monate verbrachte sie im Mittelmeer und in der Ägäis. Dann überquerte sie den Atlantik mit Ziel Karibik.

# Shona Boy

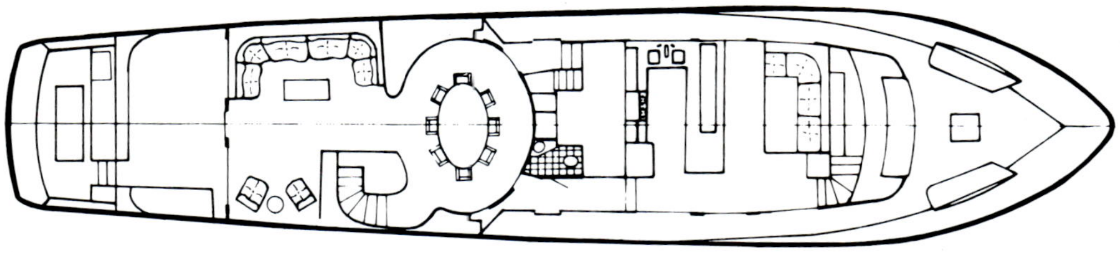

**Typ:** Motoryacht
**LüA:** 31,41 Meter
**Breite:** 6,47 Meter
**Tiefgang:** 1,67 Meter
**Bauwerft:** Broward Marine
**Innendesigner:** Gertrude Denison
**Baujahr:** 1985
**Rumpfmaterial:** Aluminium
**Motorisierung:** 2 Detroit Diesel 12V92TAM

DONNA AND KEN CHESLER

*Shona Boy,* eine prachtvolle 103 Fuß-Yacht, wurde von Broward Marine und Yacht Interiors in Fort Lauderdale, Florida, für eine Handelsgesellschaft entworfen. Als sich anläßlich des America's Cup die Spitzenyachten in Perth, Australien, versammelt hatten, mußten die anwesenden Benettis, Burgers und Feadships ein bißchen zur Seite rücken, um der in Amerika gebauten Shona Boy Platz zu machen.

Vertreter der Gesellschaft besuchten die Broward Marine-Werft während der Bauzeit, die ein Jahr dauerte, jeden Monat einmal, um jede Phase des Baus und die Fortschritte zu überwachen. Sie beteiligten sich auch an der Auswahl der Einrichtungsgegenstände, die von G. W. Dension, einer Mitarbeiterin der Firma Yacht Interiors vorgeschlagen wurden.

»Jede Yacht sagt etwas über die Persönlichkeit ihres Eigners aus«, sagt die Innen-Designerin Gertrude W. Dension. »Die Eigner dieser besonderen Yacht wollten eine konventionelle Einrichtung mit victorianischer Stilrichtung.« Der Vorliebe der Eigner für Tradition wurde mit den üppigen Holzverkleidungen und Holzschränkchen, die Tres Conserve entworfen hatte, Rechnung getragen.

Ganz charakteristische Merkmale machen die Shona Boy zu einer einmaligen Yacht. Der Speisesalon beispielsweise ist oval, die eingelegten Türen fügen sich nahtlos in die Wandverkleidungen ein. Die Deckenbeleuchtung über dem Eßtisch mit der gleichen runden Form wie der Tisch strahlt ihr Licht durch eine eingelegte Kompaßrose.

Die Einrichtung der Shona Boy ist stilvoll. Im Achterdeck stehen leichte und elegante Rattan-Möbel, schöne Stoffe aus Rohseide schmücken den Hauptsalon, die Eigner-Kabine und der festlich wirkende Wohnraum, der hinter bleigefaßten Glasscheiben ein Weinlager beherbergt, sind edel gestaltet. Den Tisch in diesem Salon zieren herrliche Teakholz-Einlegearbeiten. Die ganze Einrichtung der Broward ist ein Beispiel dafür, wie kunstvoll handgefertigte Holzarbeiten sein können.

DONNA AND KEN CHESLER

DONNA AND KEN CHESLER

## Anmerkungen des Designers

Es ist erheblich schwieriger, die Inneneinrichtung einer Yacht als die Inneneinrichtung eines Hauses zu entwerfen. Eine Fehlberechnung der Möbel von nur ein oder zwei Zentimetern kann eine teure Katastrophe werden, da das Stück, wenn es nicht paßt, nochmals neu gefertigt werden muß. Daher ist für meine Firma, die Yacht Interiors bei der Broward Marine Werft, absolute Präzision ein wichtiger Bestandteil der Design-Planung. Die meisten Möbel sind fest eingebaut, und alles, von den Tellern bis hin zu den Kerzenhaltern, muß gesichert sein. Auf Grund meiner Erfahrung kenne ich die Hersteller und Lieferanten von Schiffsmobiliar. Dazu gehören Hersteller, die sich auf Schiffsküchen spezialisiert haben, Lieferanten von Materialien, die resistent gegen Seewasser und Stockflecken sind, oder Werkstätten, die in Handarbeit Möbel für Yachten bauen können.

Beim Entwurf einer Yacht muß auch ein psychologischer Aspekt berücksichtigt werden. Wilde Farben und Muster, die eine Seekrankheit unterstützen könnten, müssen vermieden werden. In den Räumlichkeiten unter Deck ist eine luftige und freundliche Atmosphäre unbedingt notwendig. Diese Punkte müssen mit dem natürlichen guten Geschmack eines Yacht-Designers in Einklang gebracht werden.

*Gertrude Denison*

# Top Secret

THE BROCHURE PEOPLE, FT. LAUDERDALE, FL.

**Typ:** Motoryacht mit Cockpit
**LüA:** 31,72 Meter
**Breite:** 6,71 Meter
**Tiefgang:** 2,29 Meter
**Designer:** Jack B. Hargrave, Ernest Bonnamy
**Bauwerft:** G. de Vries Lentsch, Holland, und Merrill Stevens, Florida
**Baujahr:** 1969
**Rumpfmaterial:** Stahl
**Motorisierung:** Caterpillar Doppelmotoren D343TA Diesel, 6 Zylinder, 460 PS
**Geschwindigkeit:** 14,5 Knoten bei 2100 U/min Maximum

THE BROCHURE PEOPLE, FT. LAUDERDALE, FL.

THE BROCHURE PEOPLE, FT. LAUDERDALE, FL.

THE BROCHURE PEOPLE, FT. LAUDERDALE, FL.

*Top Secret* ist ein höchst theatralisch ausgestattetes Schiff. Man könnte glauben, daß die Inneneinrichtung aus einem Abenteuerfilm mit Errol Flynn stammt. Die Yacht wurde unter der Aufsicht des berühmten französischen Designer's und Architekten Ernest Bonnamy entworfen und gebaut. Bonnamy zeichnet verantwortlich für die ›Ile de France‹, der Viermast Bark ›Sea Cloud‹, für die 350 Fuß lange ›Delphine‹ von Mrs. Horace Dodge, das Londoner Haus von Barbara Hutton und die Lobby des Plaza Hotels.

Die Top Secret erinnert mit ihrer einmaligen Inneneinrichtung an Wikingerzeiten aus dem zwölften Jahrhundert. Die Holzarbeiten der Innenräume aus handbearbeitetem Eschen-, Eichen- und Teakholz werden von 2000 Originalzeichnungen belebt. 14 Künstler schufen aus Holz, Granit, Fliesen, Metall und Glas Schnitzereien, Kupferstiche, Skulpturen und Reliefs. Die Doppeltüren aus Esche, die von der Bar in den Hauptsalon führen, sind auf der Vorderseite mit kunstvoll geschnitzten Elfenbeingriffen versehen. Betrachtet man die geschlossenen Türen von hinten, sieht man aus verbleitem Bundglas ein Bild, das König Harold, einen Wikinger-Krieger, darstellt. Ein anderes Bild im Wohnzimmer gegenüber der Eingangstüre zeigt die Invasion der Wikinger 1066 in England. Über die Decke des Salons verlaufen Balken aus Eschenholz von Steuerbord nach Backbord. Die quadratischen Deckenplatten zwischen den Balken sind mit roter venetianischer Seide bespannt. Jedes Ende der Balken ziert eine geschnitzte Kopfskulptur, die nach unten blickt. Es gibt so viele reizvolle Details in der Einrichtung, daß es unmöglich ist, sie alle aufzuzählen. Jede Schublade schmückt eine geschnitzte Front, die Armlehnen der Sofas sind kleine Skulpturen, die Lichtschalter sind geschnitzt und Wasserspeier starren den Besucher aus verschiedensten Ecken an. Die Wände sind mit schräg und senkrecht verlaufenden Paneelen aus Eschenholz verkleidet, die mit rustikalen Holzpflöcken befestigt sind. Zierplatten aus Bronze verdecken die Deckenbefestigungen. Das höher gelegene Deckshaus vor dem Speisesalon ist über eine runde Treppe erreichbar. Hier befindet sich eine Aussichts-Lounge mit einer phantastischen Weitsicht. Dem Kapitän stehen die modernsten Navigationshilfen zur Verfügung. Türen an Steuerbord und Backbord führen zu einem geschützten Brückendeck und zum Schiffsdeck.

Nicht nur die Räume für acht Gäste, auch die Kabinen für die fünfköpfige Crew sind luxuriös. Die Eigner-Suite mittschiffs im unteren Deck sprüht ebenso vor Fantasie, wie alle anderen Räume an Bord. Die Decke besteht aus Paneelen, die mit beigefarbener Seide bespannt und mit Messingbeschlägen verziert sind. Zwei massive Balken aus Esche enden in geschnitzten Köpfen. Die Schotten sind in kunstvoller Schreinerarbeit aus Eschenholz gefertigt. Von den Balken an Backbord hängt ein Baldachin herab, der aus gestreiftem Stoff und gewölbt aufgehängt wie ein Wikingersegel aussieht. Das King Size Bett mit Schnitzereien aus Esche steht genau darunter. Die Wände des Badezimmers sind mit Eschenholz verkleidet. Einlegearbeiten aus buntem Rocky Mountain Quarz zeigen in Bildern die Geschichte einer Heimkehr von Wikingerkriegern, die mit Schätzen und Sklavinnen vor ihren Anführer treten. Die Maltechnik dieser Darstellungen wurde den Höhlenbildern von Lascaux in Frankreich nachempfunden.

Die Gästekabine an Steuerbord ist durch ein Bad zugänglich, das eine Geheimtüre besitzt, die von der Dusche aus in die Sklavenräume führt. Dieses Versteck gehört zum Fantasiespiel an Bord der Top Secret.

# Vagabunda

*Vagabunda* ist mit ihrem ungewöhnlichen Rumpf und den rostbraunen Segeln überall, wo sie auftaucht, ein malerischer Anblick. Ihr Leben begann Anfang der vierziger Jahre als Frachtschiff im Mittelmeer. Heute ist sie die Privatyacht eines italienischen Geschäftsmannes. Sie wurde so umgebaut, daß der Eigner und seine Gäste luxuriös und mit Stil reisen können. Das Achterdeck, umgeben von einem geschnitzten Mahagonigeländer, liegt höher als das Hauptdeck. Geschnitzte Fische zieren die Großbaum-Stütze über dem Niedergang. Über ein paar Stufen gelangt man zum Oberdeck, wo sich ein nach drei Seiten offener Eßplatz befindet. Das Dach über dem Eßplatz dient als Sonnendeck, das neben den üblichen Liegekissen eine Besonderheit aufweist: eine Windschutzscheibe kann, je nach Wunsch, elektrisch hoch- oder niedergeholt werden.

Die Einrichtung des Salons auf dem Hauptdeck ist mit antiken Möbeln gestaltet. Eine überaus reich verzierte Treppe mit lederbezogenem Geländer führt in die Wohnräume im unteren Deck. Den Salon schmücken schöne Perserteppiche, antike Möbel und wertvolle Gemälde aus dem siebzehnten Jahrhundert. Auf den Tischen steht üppig verziertes Silbergeschirr. In der Bibliothek steht eine Fülle ledergebundener Werke, eine wertvolle Waffensammlung vervollkommnet den Raum. An den Wänden hängen Gemälde von Bartelomeo Bettera, die Stilleben mit Musikinstrumenten darstellen. Das Walnußholz der Wände wurde gestrichen, wieder abgezogen und mit Wachs versiegelt, womit ein antiker Effekt erzielt wurde. Die Türen sind mit Leder bespannt, das mit schönen Ziernägeln befestigt ist. Die Kabinen vermitteln die Illusion, in einer vergangenen Zeit zu leben. Das Schiff beherbergt sechs Kabinen mit eigenen Toilettenräumen. Trotz aller Liebe zu alten Dingen sind die Kabinen mit Aircondition, Stereoanlagen und Fernsehgeräten ausgestattet. Jede Kabine ist unterschiedlich eingerichtet. Zur Eigner-Suite gehört ein Büro, das mit Rosenholz getäfelt ist, ein Schmuckstück stellt ein Hocker aus dem siebzehnten Jahrhundert dar.

Das Holz und alle Messingteile an Bord der Yacht sind auf das sorgfältigste gepflegt. Modernes Dekor oder Beschläge aus Stahl sind auf der Vagabunda nicht zu finden.

**Typ:** Motorsegler
**LüA:** 36 Meter
**LWL:** 27 Meter
**LüD:** 30 Meter
**Breite:** 8,3 Meter
**Tiefgang:** 3,25 Meter
**Verdrängung:** 197,5 Tonnen
**Bauwerft:** Dieterni-Rovigno
**Baujahr:** 1942
**Rumpfmaterial:** Mahagoni und Iroco
**Motorisierung:** 2 Volvo, je 300 PS
**Geschwindigkeit:** 11 Knoten
**Generatoren:** 3/45 KW jeweils; 2/12 KW jeweils
**Tankvolumen:** 17 500 Liter
**Frischwasservolumen:** 7000 Liter
**Segelfläche:** 330 Quadratmeter

BRUNO CANTALUPI

# Volador

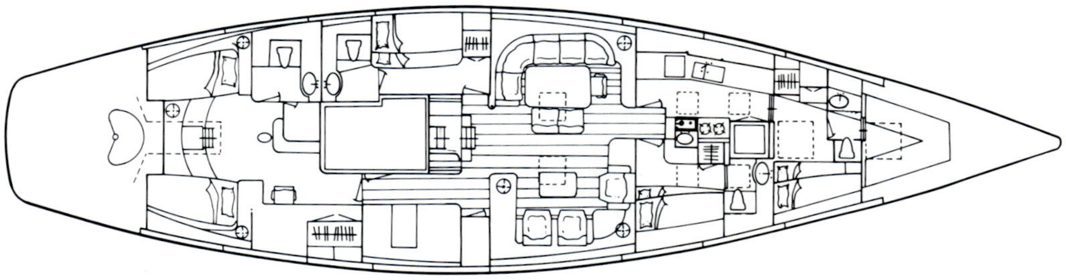

**Typ:** Maxi-Cruiser mit Ketsch-Rigg
**LüA:** 24,7 Meter
**LWL:** 20,20 Meter
**Breite:** 5,8 Meter
**Tiefgang:** 3,2 Meter
**Verdrängung:** 42 Tonnen
**Designer:** German Frers
**Innendesigner:** Pieter Beeldsnider
**Bauwerft:** Huisman Shipyard, Vollenhave, Holland
**Baujahr:** 1983
**Motorisierung:** Mercedes OM 402 V8 Zylinder, 240 PS
**Segelfläche maximal:** 288 Quadratmeter

THEO KAMPA

*Volador* ist ein luxuriöser Maxi-Cruiser mit Ketsch-Takelage. Sie wurde von German Frers entworfen und in der berühmten holländischen Huisman-Werft gebaut. Durch modernste Fertigungsmethoden entstand eine Leichtgewicht-Konstruktion, die sich mit einem eleganten Grundriß der Wohnräume gut vereinbaren ließ.

Das aufgeschäumte Teakholz-Furnier in den Schiffsräumen ist vielleicht nicht gerade besonders edel, aber diese Technik für Holzeinbauten, die Huisman entwickelt hat, ermöglicht eine Gewichtseinsparung von bis zu 40 Prozent im Vergleich zu konventionellen Konstruktionen.

Man könnte meinen, daß eine Yacht, die so schnell und rassig aussieht, eine große Crew erfordert. Das ist aber nicht der Fall. Dank der elektrischen Winschen und der Rollreff-Einrichtungen, die Huisman für die Haupt- und Besansegel entwickelt hat, kann die Yacht mit einer kleinen Besatzung gesegelt werden. Hydraulische Einrichtungen erledigen die Schwerarbeit an Bord. Raffinierte Kombinationswinschen für den Baum und den Anker, die gleichzeitig auch das Dingi auf seine Plattform hieven können, erleichtern die Arbeit ganz erheblich. Huisman ist der Ansicht, daß kleine, anfällige Motoren auf einer Cruising-Yacht nichts zu suchen haben.

Der Hauptsalon ist in einen komfortablen Eßbereich und Wohnbereich aufgeteilt. Ein halbrundes Ledersofa umgibt zwei Seiten des Eßtisches. An der zweiten Längsseite des Tisches steht ein Zweisitzer, der auf der Mittellinie des Schiffes angebracht ist und gleichzeitig als Raumteiler dient. Der Eigner der Valador, ein deutscher Industrieller, wollte zum Essen und zum gemütlichen Beisammensitzen je einen separaten Bereich. Daher ist ein kleiner Kaffeetisch mit komfortablen Sesseln in den Salon eingebaut. Die Arbeitsplätze an Bord sind nicht nur geschmackvoll gestaltet, sondern auch praktisch und gut durchdacht. Die Küche ist sehr geräumig und mit Einbauschränken ausgestattet, in denen Tassen, Teller und Gläser bruchsicher und griffbereit verstaut sind. Ein Schubfach auf Rollen an der Bar erleichtert die Suche nach der richtigen Flasche.

Die Eignerkabine achtern ist mit zwei großen Betten, zwei Kommoden und einem Schreibtisch, der geöffnet als Frisierkommode dient, eingerichtet. Der Navigationsbereich mit einem Kartentisch und voller Kartengröße ist mit den besten Navigationsgeräten bestückt, dazu gehören unter anderen Brookes und Gatehouse, SSB, SatNav, Radar und Wetterkartenschreiber.

THEO KAMPA

THEO KAMPA

THEO KAMPA

THEO KAMPA

# Welsh Princess

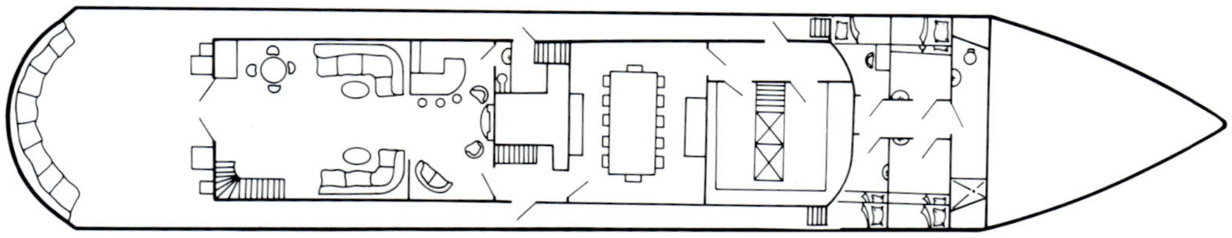

**Typ:** Motoryacht
**LüA:** 56,4 Meter
**LWL:** 51 Meter
**Breite:** 7 Meter
**Verdrängung:** 481,6 Tonnen
**Designer:** Henry J. Gielow
**Bauwerft:** Bath Ironworks, Bath, Maine
**Baujahr:** 1931
**Rumpfmaterial:** Stahl
**Motorisierung:** 2 V 12 Cummings Diesel, je 550 PS

MIT FREUNDLICHER GENEHMIGUNG VON DRAGON YACHTS LTD.

*Welsh Princess'* erster Name war Marguerita. Diese Yacht hat eine wechselhafte, ungewöhnliche Geschichte hinter sich. Sie wurde von einem Mr. Sorensen, dem Chauffeur von Henry Ford II., in Auftrag gegeben. 1931 lagen die Baukosten für die Yacht bei rund 250000 Dollar. Anscheinend konnte Mr. Sorensen die erforderliche Summe nicht selbst aufbringen, daher mußte er Henry Ford I. um Hilfe bitten. Ford senior kaufte die Yacht und schenkte sie seinem Sohn Henry, der zu dieser Zeit erst 19 Jahre alt war. Die Marguerita blieb rund 13 Jahre lang im Besitz der Familie Ford. Danach wechselte die Yacht ihre Eigner sehr häufig. 1979 lag sie endgültig auf der Themse fest, wo sie ein paar Jahre später vom Sohn des jetzigen Besitzers entdeckt wurde. Da mehrere Gläubiger ihre Forderungen geltend machten, wurde das Schiff öffentlich versteigert. Die Marguerita war in einem schlechten Zustand und konnte von Dragon Yachts Ltd. zu einem günstigen Preis erworben werden. Das Unternehmen Dragon Yachts besitzt fünf Werften in Südengland und Wales und mehrere Yachten, des gleichen Jahrgangs wie die Welsh Princess, wie sie nun hieß. 1983 wurde die Yacht nach Cardiff in Wales gebracht, wo sie gründlich überholt wurde. Die erste Saison als verjüngte Welsh Princess verbrachte sie 1984 im Mittelmeer.

Heute fährt sie als Charteryacht. Ihre sieben Kabinen haben klangvolle Namen wie ›Isle of Wight Room‹, Haitian Room, ›London Cabin‹. Die Welsh Princess ist eine der sieben Yachten, vier Motor- und drei Segelyachten, die Dragon Yachts gehören und ›Welsh‹ in ihren Namen führen.

Die Wandverkleidungen der Innenräume sind aus Original Mahagoni- und Teakholz. Der Schreibtisch an Bord stammt aus dem neunzehnten Jahrhundert und nicht weniger wertvoll ist das Walzenpiano. Die Spiegel und die eingebauten Möbel sowie der Eßtisch aus Walnußholz und die Ausstattung in der Eigner-Kabine stammen aus der Ford-Aera. Den Hauptsalon und das Speisezimmer schmücken Ahnenbilder der Familie Bailey (die Familie der Eigner).

Zur Eignerkabine gehört ein Bad für Sie und für Ihn mit altmodischen Duschbrauseköpfen, die aus verschiedenen Richtungen sprühen. Die Fensterscheiben über den Bullaugen vermitteln das Gefühl, in einem Haus und nicht auf einem Schiff zu sein.

Der Hauptsalon ist grün- und beigefarben gehalten. Die auserwählten Perserteppiche, ein Spieltisch und ein Piano schaffen eine gediegene, altmodische Atmosphäre. Barhocker, mit rotem Leder bezogen, und ein offener Kamin zieren die Bibliothek. Den Eßtisch umgeben gestreifte Samtstühle, ein Spiegel mit reich verziertem Goldrahmen und ein üppiger Kronleuchter unterstreichen die edle Ausstattung.

Wenn die Baileys an Bord sind, feiern sie gerne ausgefallene Parties, wie die Fotos an den Wänden zeigen. Einmal sieht man Bilder einer Piraten-Party, andere Fotos dokumentieren ein Abenteuer mit einem Heißluftballon, der von Bord der Welsh Princess gestartet wurde. Schnellboote wurden dem Ballon nachgeschickt, der dann genau auf einem dieser Boote landete, was natürlich eine riesige Aufregung verursachte.

Es scheint so, daß die Welsh Princess 1931 nach einer spontanen Laune gebaut worden war – spontane Launen, für die ihre heutigen Besitzer einen feinen Sinn haben.

MIT FREUNDLICHER GENEHMIGUNG VON DRAGON YACHTS LTD.

MIT FREUNDLICHER GENEHMIGUNG VON DRAGON YACHTS LTD.

# *Whitefin*

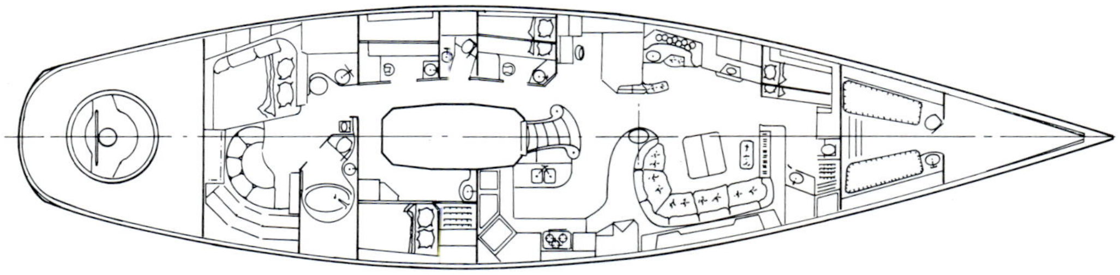

BENJAMIN MENDLOWITZ

*Whitefin* ist eine prachtvolle, nach Maß gebaute Yacht. Sie entstand auf dem Reißbrett, unmittelbar nachdem die Whitehawk verkauft war. Phil Long von ›Renaissance Yachts‹ entwarf beide Megayachten zusammen mit dem kalifornischen Designer Bruce King. Während der Konstruktionsarbeiten der ersten Yacht reifte in Phil Long der Entschluß, sich selbständig zu machen, und zwar mit Hilfe einiger Mitarbeiter, mit denen er schon zusammengearbeitet hatte. Um die neue Yacht seiner Träume bauen zu können, ließ er ein Dach über die Tennisplätze seines Hauses in Camden, Maine, bauen und eröffnete einen Hinterhof-Schiffsladen.

Die Whitefin sollte die schnellste, schönste und seetüchtigste Einrumpf-Rennyacht der Welt werden. Ursprünglich hatte Long geplant, mit seinen Söhnen und ein paar Freunden die Welt zu umsegeln und dabei die Trophäen der klassischen Offshore-Rennen einzuheimsen. Die Whitefin ist ein klassisches Schiff und in vielen Dingen anders als die heutigen Rennmaschinen. Besonders ihr Heck unterscheidet sich von den modernen Rennyachten, es ist ein klassisches Yachtheck mit einfallenden Enden. Der Rennkiel kann vollständig abmontiert werden. Das Flush-Deck und die ebenmäßige Linie der Yacht sind von außergewöhnlicher Schönheit. ›Renaissance Yachts‹ vertritt den Standpunkt, daß ein Schiff ein unvergängliches Kunstwerk sein muß. So wurden viele exotische Hölzer für den Bau der Whitefin verwendet, unter anderen schwarze Akazie, Pazifik-Eibe, Balsaholz, Mahagoni aus Afrika und Honduras, Zedern- und Teakholz. Joe Artese entwarf die luxuriöse und komfortable Inneneinrichtung der Whitefin. Der Hauptsalon ist überaus elegant. Die dominierenden Holzarbeiten gestalten den Raum sehr weich und fließend. Die Yacht ist trotz aller Eleganz familiär eingerichtet. Die geräumige Küche an Steuerbord ist zum Durchgang hin offen, so daß sich auch der Koch an der Unterhaltung im Hauptsalon beteiligen kann. Das Sofa im Hauptsalon ist mit schottischem Wollstoff bezogen, der handgearbeitete Tisch, dessen Tischplatte mit Leisten aus Mahagoni und Eibe eingelegt ist, kann hochgesetzt oder als Kaffeetisch abgesenkt werden. Ebenso kann er nach vorne, nach hinten oder nach mittschiffs geschoben werden. In das vordere Schott ist eine elektronische Yamaha-Orgel eingebaut. Ein Schmuckstück ist das mit Teakholz eingerahmte, zehneckige Oberlicht über dem Hauptsalon. Jede der zehn kuchenförmigen Scheiben aus Glas ist mindestens zwei Zentimeter stark. Wohin die Blicke auch schweifen, überall sind auffallende Details zu bewundern: ein schöner geschliffener Glasschrank für das Kristall, Muschel-Einlegearbeiten, handgearbeitete Armaturen aus Bronze und Bronze-Delfine. Ein Rumford-Kamin und Bücherregale, angefüllt mit ledergebundenen Büchern, vermitteln das Gefühl, in einem exclusiven Klub zu sein. Alle Ausstattungsgegenstände, Zubehörteile und Metallteile wurden mit größter Sorgfalt ausgesucht.

Zur Eignerkabine gehört ein Queen Size Bett, ein halbrundes, kleines Sofa mit Kissen und eine ovale, aus Holz laminierte Badewanne.

Die Whitefin strahlt Kraft, Strenge und Schönheit aus. Sie ist der Traum eines entschlossenen Mannes, der immer auf der Suche nach Neuem ist. ›Renaissance Yachts‹ baut weiterhin Yachten für Segler, die seine Träume teilen.

**Typ:** Slup
**LüA:** 27,5 Meter
**LWL:** 21,9 Meter
**Breite:** 6,5 Meter
**Tiefgang:** 2,74–3,85 Meter
**Verdrängung:** 54,5 Tonnen
**Designer:** Bruce King
**Bauwerft:** Renaissance Yachts, Camden, Maine
**Baujahr:** 1984
**Rumpfmaterial:** Kalt geformtes wood and West System (Holzfurnier mit Epoxide-Harz getränkt)
**Segelfläche:** 376 Quadratmeter

JILL BOBROW

BENJAMIN MENDLOWITZ

BENJAMIN MENDLOWITZ

BENJAMIN MENDLOWITZ

Ich glaube, ich mußte immer in der Nähe des Meeres sein: es zu sehen, zu atmen, zu fühlen. Daß ich in Carmel bei San Francisco aufgewachsen bin, hat natürlich meine Liebe zum Wasser beeinflußt. Schon als Kind habe ich immer Dinge gebastelt, die ich bewegen konnte. Es war mit nicht genug, eine Burg aus einem Baukasten zusammenzusetzten, wie es meine Freunde taten. Bei mir bekam das Ding Räder. So scheint es eine natürliche Konsequenz zu sein, daß ich heute Lebensräume entwerfe, die auf dem Meer zu Hause sind.

Gottes erster Arbeitsauftrag an die Menschheit war: Baue eine Yacht: die Arche. Heutzutage sind die Bestimmungen nicht so streng: kein Seemann muß 40 Tage zusammen mit allen möglichen Tieren den schlimmsten Sturm, den es jemals gab, aushalten. Aber eine Yacht, egal welcher Größe oder für welchen Zweck, bietet immer noch bemerkenswerte Herausforderungen für den Innenarchitekten.

Das Entwerfen einer Yacht ist normalerweise ein Balanceakt zwischen jahrhundertealter seemännischer Erfahrung und unserem Verlangen nach neuartigem künstlerischem Ausdruck. Bei Serienbooten muß die Bootsbauertradition übersetzt werden in ein zweckmäßiges und kostenbewußtes Design, das Hunderte von potentiellen Käufern anspricht, wie die ›Islander 36‹ sehr schön demonstriert.

Im Gegensatz dazu kann ein individueller Entwurf, wie zum Beispiel die 72 Fuß Ketsch ›Victoria‹ aufs Feinste auf die Persönlichkeit und den Lebensstil eines ganz bestimmten Eigners zugeschnitten sein und dennoch in Linien und Form der Tradition entsprechen.

Die Whitefin war ein Auftrag, der das Prinzip der Ausgewogenheit perfekt vorzeigt. Ich erhielt freie Hand unter der Berücksichtigung zweier ganz bestimmten Forderungen: Das Schiff sollte höchste künstlerische Ausdrucksform mit der Grazie der Baukunst des 19. Jahrhunderts verbinden. Ich versuchte, meinen Auftrag als ›funktionelle Skulptur‹ zu sehen. Typisch für Yachten ist ihre starre Raumaufteilung. Mein Entwurf soll ein visuelles Fließen der Ereignisse, unabhängig von Wänden sein, um so den Blick über die natürlichen Begrenzungslinien hinauszuführen. Angenehm für das Auge ›windet‹ sich der Raum gleichsam um die Bewohner, schafft gewachsenen Komfort, während sich der Raum scheinbar in die benachbarten Gebiete ausdehnt. Ob beim Entwurf für das äußere und innere Styling eines Serienbootes wie der ›Islander 36‹, der traditionellen Eleganz der Innenausstattung der ›Whitefin‹ oder der technischen Raffinesse des Motorseglers ›Ospray‹: die Anforderungen an das Design bleiben die selben. Was kann getan werden, um innerhalb eines gegebenen, begrenzten Raumes optimale Sicherheit und Funktionalität mit begeisterndem Ambiente zu verbinden? Der Neigungswinkel eines Rükkenpolsters, die Länge und Breite einer Armlehne, die zum Hinkuscheln mit einem Buch einlädt, die Plazierung eines Bullauges im Verhältnis zum Sitzen und Stehen – so wichtig für die Übersicht –, Zugang und Verfügbarkeit von Stauraum, wieviel Licht hereinkommt, usw. Die Liste der Dinge, die zu berücksichtigen sind, ist endlos.

Und das ist der Grund, warum ich das tue, was ich tue. Ich habe zu Beginn meiner Laufbahn Fehler gemacht, wie es die meisten machen. Ich arbeitete als Industrie-Designer an der DC 9 und sogar an einigen Waffensystemen für Philco-Ford. Meine Frustration kompensierte ich durch fast tägliches Segeln. Wann und wo auch immer es möglich war, beteiligte ich mich an Regatten. Schließlich erkannte ich, daß alles, was ich wollte, war: weiterleben, weitersegeln und Yachten entwerfen, begeisternde Lebensräume zu schaffen für Leute, die das Segeln genauso lieben wie ich.

*Joe Artese*

# Whitehawk

**Typ:** Ketsch
**LüA:** 32 Meter
**LüD:** 28 Meter
**LWL:** 23,9 Meter
**Breite:** 6,2 Meter
**Tiefgang:** 2,21–5,12 Meter
**Designer:** Bruce King
**Schiffswerft:** O. Lie-Nielsen, Maine
**Rumpfmaterial:** WEST-System
**Baujahr:** 1979
**Segelfläche:** 416,5 Quadratmeter

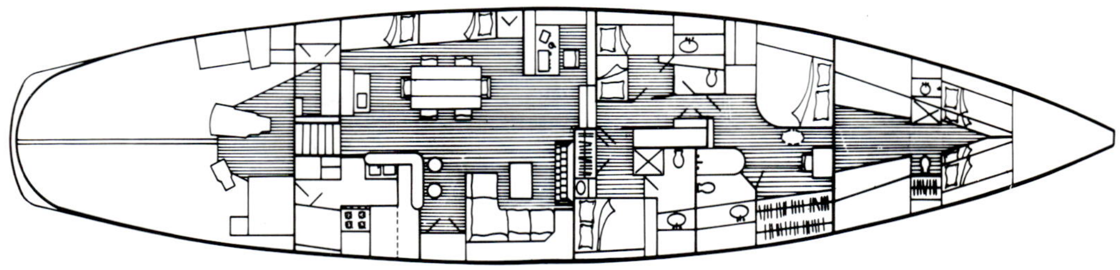

*Whitehawk* entsprang 1975 der Idee des Kaliforniers Phil Long. Long hatte damals den Designer Bruce King beauftragt, eine vergrößerte Version der L. Fr. Ticonderoga, einer 72 Fuß Ketsch von L. Fr. Herreshoff zu gestalten. Drei Jahre später war es soweit: bei der Lee Boatshop Werft in Rockland, Maine, wurde diese außergewöhnliche Ketsch zu Wasser gelassen. und an Mr. Zetkov übergeben.

Die Proportionen der Whitehawk sind beeindruckend. Ihr Mast ist 38,28 Meter hoch für eine Segelfläche von 416,5 Quadratmetern, die Gesamtsegelfläche beträgt 1207 Quadratmeter! Sie ist mit einem Kielschwert ausgerüstet, das bis zu 5,20 Meter abgesenkt und hochgezogen werden kann.

Die Whitehawk hat einen der größten Rümpfe, die jemals nach dem West-System gebaut wurden. West-System heißt: »wood-epoxy-saruration-Technik« (mit Epoxydharz gesättigtes Holz). Bei dieser Technik werden drei Furniere aus Zedernholz mit Bronzenägeln diagonal, zusammengefügt und über längsgerichtetes Mahagoni gelegt. So ergibt sich eine Rumpfstärke von 6,35 cm. Diese Stärke des Rumpfes entspricht der eines Fiberglasrumpfes, der 7,62 cm stark ist und 20 bis 25 Prozent schwerer wäre.

Die Inneneinrichtung ist liebevoll bis in die kleinsten Details mit verschiedenen Hölzern wie Teak, Mahagoni und Zedernholz gestaltet. Der Hauptsalon ist groß und gemütlich. Ein schönes Oberlicht in Rosettenform und ein offener Kamin der mit Delfter Kacheln belegt ist, bestimmen den Stil des Raumes. Echte Perserteppiche, Lampen aus Messing und klassische Marine-Kunstgegenstände vermitteln Wärme und Charme.

Das Prunkstück in der Eignerkabine, mit Queen Size Bett, ist eine phantastische Badewanne aus laminiertem Zedernholz. Die Schränke und Stauräume hier und in den übrigen Räumen werden durch halboffene Türgriffe belüftet – ein typisches Baumerkmal auf Herreshoff-Yachten.

Der Platz auf Deck hat beeindruckende Dimensionen. Im wunderschönen Cockpit finden zwölf Personen komfortable Plätze. In der Mitte des Cockpits steht ein Eßtisch mit eingebauter Eisbox. Als Steuerung dient ein handgeschnitztes Steuerrad mit einem schönen Kompaßgehäuse aus poliertem Messing, in den ein Sestral-Kompaß eingebaut ist und an die glanzvolle Zeit des Yachtsports der dreißiger Jahre erinnert. Die Whitehawk ist in jeder Beziehung ein moderner Klassiker.

BRUCE LEFFERS

# Xarifa

*Xarifa* wurde für Mr. Singer (von Singer Nähmaschinen) 1927–1929 als Dampfschiff bei White and Cowes in England gebaut. Diese Werft war damals berühmt dafür, daß sie die besten Stahlrümpfe konstruierte. Die Xarifa hat mindestens schon sieben Mal die Welt umrundet. Als das Schiff 1939 in Hamburg war, wurde es von den Deutschen konfisziert und während der Kriegsjahre als Kohlentransporter eingesetzt. Nach dem Krieg kaufte Hans Hass die Yacht, der sie als Forschungsschiff benutzte. Hass und seine Frau Lotte widmeten sich zusammen mit einer Gruppe von Mitarbeitern intensiv der Meeresforschung. Ähnlich wie Jaques Cousteau reisten Hass und seine Mitarbeiter in exotische Gewässer, um dort ihre Experimente und Forschungsarbeiten durchführen zu können. Fotos in dem Buch, das Hans Hass veröffentlicht hatte, zeigen die Xarifa vor Anker im Roten Meer und am Barrier Riff. Als sich Hans Hass und seine Frau von der Arbeit zurückzogen, verkauften sie die Xarifa.

Ihr jetziger Eigner begegnete der Yacht zum ersten Mal in Singapur. Er kaufte sie 1960 und besitzt sie heute noch. Da sie für so viele Jahre ein Arbeitsschiff war, wurde eine Generalüberholung angesetzt, um sie wieder wie eine Yacht aussehen zu lassen. Zuerst kam sie von Singapur nach Antibes und dann weiter nach La Spezia zur Cantieri Navale Inma Werft, wo mit der Renovierung begonnen wurde. Das ganze Schiff wurde ausgeräumt und sämtliche Teile wurden abmontiert. Das geschah zur gleichen Zeit, in der das Kreuzfahrerschiff ›Liberté‹, die frühere ›Bremen‹ geborgen und verkauft wurde. Die Liberté war nach dem Krieg von Deutschland gekauft worden. Viele Teile dieses Schiffes, ganze Kabinen und Decksplanken, wurden für den Umbau der Xarifa verwendet. Daher kommt es, daß die Xarifa viel geschichtsträchtiges an Bord mitführt. Der Hauptsalon strahlt altmodischen Charme aus, und ihre fünf Kabinen können zehn Personen beherbergen.

Xarifa ist eine private Familienyacht. Meistens liegt sie im Dock von Monte Carlo, während der Sommermonate segelt sie im Mittelmeer. Ihr ägyptischer Name bedeutet soviel wie ›schönes Geschöpf‹, und sicherlich wird sie ihrem Namen gerecht.

MIT FREUNDLICHER GENEHMIGUNG VON MR. CARLO TRAGLIO

TONY MORGAN

**Typ:** Dreimast-Schoner
**LüA:** 47,2 Meter
**LüD:** 44,2 Meter
**Breite:** 9 Meter
**Tiefgang:** 5,2 Meter
**Bauwerft:** White & Cowes, England
**Baujahr:** 1928
**Rumpfmaterial:** Stahl
**Tonnage:** 275 BRT
**Motorisierung:** Deutz Diesel, 230 PS bei 600 U/min
**Segelfläche:** 548 Quadratmeter

TONY MORGAN

TONY MORGAN

PAINTING PHOTOGRAPHED BY RAPHAEL SENZAMICI